Modelos

An Integrated Approach for Proficiency in Spanish

AGNES L. DIMITRIOU
University of California, Berkeley

JUAN A. SEMPERE MARTÍNEZ
San Jose State University, California

FRANCES M. SWEENEY
Saint Mary's College of California

Upper Saddle River, New Jersey 07458

Library of Congress Cataloging-in-Publication Data

Dimitriou, Agnes L.
Modelos : an integrated approach for proficiency in Spanish / Agnes L. Dimitriou, Juan A. Sempere Martínez, Frances M. Sweeney.
p. cm
Includes index.
ISBN 0-13-032403-5 (pbk.)
1. Spanish language—Textbooks for foreign speakers—English speakers. 2. Spanish language—Composition and exercises. I. Sempere Martínez, Juan Antonio. II. Sweeney, Frances M. III. Title.

PC4129.E5 D57 2003
468.2'421—dc21 2002042468

Publisher: Phil Miller
Senior Acquisitions Editor: Bob Hemmer
Assistant Director of Production: Mary Rottino
Editorial and Production Supervision: Kelly Mulligan/Carlisle Publishers Services
Prepress and Manufacturing Manager: Nick Sklitsis
Prepress and Manufacturing Buyer: Brian Mackey
Cover Design: Kiwi Design
Editorial Assistant: Meghan Barnes, Peter Ramsey
Illustrations: Melanie Stansbury (melaniestansbury@yahoo.com)

This book was set in 11/13 Sabon by Carlisle Communications, Ltd. and was printed and bound by Courier, Stouton. The cover was printed by Coral Graphics.

Printed in the United States of America
10 9 8 7 6 5 4 3 2 1

ISBN 0-13-032403-5

Pearson Education LTD., London
Pearson Education Australia PTY. Limited, Sydney
Pearson Education Singapore, Pte. Ltd
Pearson Education North Asia Ltd., Hong Kong
Pearson Education, Canada, Ltd., Toronto
Pearson Educacion de Mexico, S.A. de C.V.
Pearson Education-Japan, Tokyo
Pearson Education Malaysia, Pte. Ltd
Pearson Education, Upper Saddle River, New Jersey

CONTENIDO

PREFACE

Modelos offers a text- and manual-guided program designed for students within the ranges of intermediate and advanced low stages of proficiency (according to guidelines established by ACTFL). **Modelos** concentrates on helping students fill in their basic knowledge with more control of the information they already possess, with a primary goal of enhancing and empowering the students in their critical thinking, receptive, and productive abilities. The premise is that through structured practice of their existing knowledge, the students' proficiency and confidence in using the language will grow. Acquiring and understanding the subtleties of the language will occur as students take active ownership of their language production.

Modelos emphasizes development in the writing skill, but time is devoted to growth in all four of the modalities of language: reading, writing, speaking, and listening. The text is organized to integrate grammatical review as well as to enhance the students' critical thinking and interpretive skills. This involves a focus on the learner becoming motivated to comprehend and produce Spanish and an intention to make students assume responsibility, pride, and accountability for their production. Each of the students is also an author, with a voice and ideas: at all junctures, **Modelos** strives to reinforce this notion.

GOALS

The goals of the text can be summarized in five areas:

1. To help students further their ability in the production and comprehension of Spanish.
2. To help students gain confidence in their usage of Spanish in order to communicate and understand at a level that approximates and furthers their native language ability as well. The focus is on communicative choices and content. Grammar review and intermediate level explanations are integrated as a critical complement to skill development.
3. To help students acquire and inculcate strategies and habits of composition (strategies in pre-writing, writing, revising, editing, and evaluation) that go beyond any particular level or text, ones which they can utilize in any language

situation or assignment. This includes the development of reflection and self-assessment, as well as precision in language use.

4. To foster critical and integrative thinking skills. Beyond the "what" of the instruction in the particular subject matter of Spanish, **Modelos** addresses the "how" of learning development. The text activities, especially the inclusion of a focus on learning communities for reading, are designed to enhance each student's ability to listen, share, and participate in dialogues beyond the level of comprehension or passive reception of information.
5. To provide instructors an integrated program from which they can emphasize the learning outcomes most pertinent to their own students, be it review of grammatical structures or literary interpretation and analysis or composition development.

As the strong connection between the four language skills is apparent, the links between reading and writing, speaking and listening, and writing and speaking are emphasized and enhanced. This text presumes that students will work in peer groups, not only to complete peer evaluation of homework and essays, but also to work together as a discussion group and in cooperative learning situations.

FORMAT AND SEQUENCE

Modelos is comprised of a text and a separate Writer's Manual (ISBN 0130324043), directed at or to students in the third year conversation/composition courses or syntax/composition courses. Text and manual are complementary, emphasizing the dual need for disciplined review of form and intentional writing. The text consists of the reading selections and instruction into writing, process and product. The materials invite exercise in all skills. The manual consists of chapters that align with the text; primarily the manual reviews grammatical structures in an order consistent with the writing per chapter. The manual also has additional focus on oral proficiency, editing, and assessment exercises to complement the composition instruction in the text. At the end of the manual is an appendix of extra materials, from ACTFL guidelines for proficiency in writing to abbreviations for Spanish terminology. The material is easily applicable to a one- or two-semester program, depending on particular curricular needs and emphases. Each instructor is welcome to order material according to his/her own classroom plan—our goal is to offer the instructor a thorough pedagogical and methodological package from which to craft his/her curriculum given particular priorities.

Each chapter of **Modelos** has been organized around the theme of models because we believe the concept of modeling distinct roles suits the composition process well. First, the readings in the text serve as models for composition strategies and syntactic growth; second, we ask the students to consider the different models, or roles and functions, writers take in the writing act. Chapters are arranged around these different role models; for example, Chapter 2 discusses the writer as photographer, Chapter 8 writer as lawyer, and Chapter 10 as sociologist. We believe the theme serves to maintain interest among instructors and students across a term as it explores the connection between language and how we use it according to the different roles we play. It is hoped that the double meaning of "modelos" as models students will analyze, and the roles they will assume, serves well to help students remember the different aspects of composition and the interrelatedness of the other productive and receptive skills.

The reading activities have been geared to engage students actively in the reading process. Through the creation of learning communities, in which each student plays an important role in the reading process (e.g., investigators of background information, vocabulary expert, interpreters of information, facilitator of discussion), students are the key facilitators of the discussion, and the professor serves as a guide, participant, and mentor. These activities promote the critical and integrative thinking desired of students at this level, preparing them for advanced study.

The composition component of the text includes attention to syntax (grammatical competence), structure (clause and sentence level attention), style (e.g., elements of tone, voice, precision, and concision), and framework (creating a comprehensive text around a central idea). These four aspects are discussed across chapters, again reinforcing the idea of recycling information and inculcating strategies across genre and assignment. Attention is especially paid to paragraph development, including freewriting, drafts, and revisions.

Each chapter is divided into four *pasos* and has a connection to the manual, as follows:

PASO 1 LEER POR MODELOS

This section consists of readings of various genres and themes. Each reading serves as a model for the composition task, a foundation for developing critical reading strategies, and a means to become familiar with Hispanic culture(s). Depending on the goals of the chapter, there are one or two reading models; because we wish to prepare students for advanced study of Spanish, we also progress in the length of the readings. In addition to the work to be done by the reading community to have students develop collaborative skills, a glossary of words is provided at the end of each chapter.

PASO 2 ESCRIBIR POR MODELOS

In this section, aspects of composition are explored. First, we consider the thematic model of the chapter; then we review the reading for its representation of the model; next we study strategies for the stages of writing and add helpful hints for good writing.

PASO 3 REDACTAR POR MODELOS

In this section we explore perhaps the most critical juncture of writing: the revision process. We refer to the manual for a review of grammatical items and practice in evaluating and editing writing samples. Students are asked to edit student writing provided in the manual (individually and as a group), as well as to consider means of peer-editing and self-revision.

PASO 4 CREAR NUESTROS MODELOS

At the end of each chapter we pull the pieces together to write our own essays. Throughout the text the assignments grow more complex as we consider fully all the aspects of Spanish syntax and composition. As a final check of the material in each chapter, a "verification list" is included for students to confirm their work.

WRITER'S MANUAL

The Writer's Manual has three sections: "Gramática", "Situaciones", and "Redacción". "Gramática" reviews the structures of Spanish, verbal and lexical, and has exercises that progress from discrete point to open-ended. "Situaciones" offers two models for building creative dialogues to strengthen vocabulary and proficiency development in an informal way and to encourage sustained conversation (opening, body, and conclusion). "Redacción" continues the editing assignment explored in the text by providing guided reading of student samples and questions for editing and evaluation.

The manual has six appendices, including ACTFL guidelines for writing proficiency, punctuation and diacritics, numbers, abbreviations, and verb conjugations.

We also wish to incorporate guidelines into the text of how a piece of writing is to be evaluated and graded, and what it is the instructor is looking for in the class, so the students have a grasp of the goal. These guidelines are not merely a sheet or correction key for the student to use in editing production, but they also serve an overview of what makes a good piece of writing. We wish to help students understand notions of good and poor composition, in Spanish or in any language. Our aim is to help students accept their position as writers, indeed, as authors. **Modelos** offers suggestions for how to make students conscious of their production as well as be responsible for it; this can serve as a source of positive reinforcement and motivation rather than being a list of rights and wrongs.

We have created **Modelos** to offer you much from which to choose as you develop your own course. At all turns, we strive to put the student in the driver's seat, with the instructor the sage on the side directing the development. At the intermediate level of language development students have many of the necessary tools to succeed in Spanish, and we believe this integrated approach offers them the time, space, and interest to excel.

Agnes L. Dimitriou

Juan A. Sempere Martínez

Frances M. Sweeney

ACKNOWLEDGMENTS

We thank our students and our colleagues at Saint Mary's College of California, the University of California at Berkeley, and San Jose State University, as well as others near and dear and those who reviewed the text anonymously, for their very helpful input and collaboration. We appreciate the inspiration for the *Comunidad de Lectores* from Nelleke Van Deusen-Scholl; the permission of the authors for their work and of ACTFL for the inclusion of the proficiency guidelines in writing; the feedback of Lynn Purkey and Adelaida Cortijo who used early versions of the text; the illustrative genius of Melanie Stansbury; and the outstanding guidance of the editorial team from Prentice Hall, especially including the supreme patience, advice, and good humor of Bob Hemmer.

About the Authors

Agnes Dimitriou is the Director of the summer Spanish Program and a member of the Department of Spanish and Portuguese at the University of California at Berkeley. An ACTFL proficiency trainer and rater, Agnes' interests include writing development, cultural studies, and Latin American women writers.

Juan A. Sempere Martínez is the Section Coordinator of the B.A. Program in Spanish and a member of the Department of Foreign Languages at San Jose State University. With a degree in Romance Philology, Juan's work encompasses historical linguistics, morphology, syntax and dialectology, most recently the study of the Murcian dialect and Catalán-Spanish contact.

Frances M. Sweeney is Dean of the School of Liberal Arts and a member of the Modern Languages Department at Saint Mary's College of California. With a degree in Hispanic Applied Linguistics, Frances' interests include computer-assisted language learning, integrated language acquisition, assessment, and the changing role of the professor in higher education.

Capítulo 1

¿Yo, autor/a? Definiciones y espejos

Modelos: Definiciones y espejos

En este capítulo empezamos nuestra exploración de diversos modelos. Damos inicio al viaje, haciéndonos una pregunta que parece fácil de contestar: ¿quiénes somos? Nos miramos en el espejo todos los días, pero ¿qué vemos? Tal vez esta pregunta no sea tan fácil de contestar después de todo. Tal vez nos presente algunos interrogantes interesantes, ¿no? A veces los espejos no lo reflejan todo claramente. Algunos inclusive iluminan sólo una parte de nosotros o distorsionan nuestra imagen, como sucede en los espejos de las ferias.

En este capítulo, los ejercicios de lectura y escritura nos ofrecen dos modelos que sirven para considerar unos aspectos de la identidad: la definición y la descripción.

Modelos de lectura:
- obras autobiográficas
- el punto de vista

Modelos de escritura:
- usar adjetivos y sinónimos
- el autorretrato

Manual de gramática:
- el tiempo presente indicativo
- los adjetivos

Manual de redacción:
- crear la clave editorial
- leer para redactar

PASO 1 LEER POR MODELOS

Al verte en un espejo, ¿qué ves? Cuando te miras en un espejo o en una fotografía, ¿cómo te ves? ¿cómo describes lo que ves?

Presentamos dos modelos de autorretrato. El primero es "Borges y yo" del escritor argentino Jorge Luis Borges. El segundo es "Versos sencillos" del escritor cubano, José Martí. Ambos autores nos ofrecen maneras de crear descripciones utilizando técnicas diferentes.

Modelo 1: Jorge Luis Borges, "Borges y yo"

Comunidad de lectores.

Para mejorar nuestra capacidad como lectores avanzados, creamos una "comunidad de lectores". En la comunidad, habrá miembros con funciones distintas que nos facilitarán una lectura comprensiva del texto. Empezaremos con el investigador, y en los capítulos siguientes introduciremos los otros papeles uno por uno. En total, habrá cinco papeles. En el capítulo cinco se quedará configurado el conjunto total de la comunidad.

EL PRIMER PAPEL: el investigador. Para empezar nuestra comunidad de lectores, comenzamos con el investigador. Varios estudiantes harán este primer papel; según el número de estudiantes de la clase, se irán dividiendo los papeles. Su trabajo será buscar información sobre el escritor, su vida y sus ideas y también información sobre el período en el cual se escribió el texto.

INVESTIGADORES: Busquen información sobre Jorge Luis Borges, su país y su época. Podrán usar los recursos de la biblioteca y la red internacional para encontrar información sobre el estilo y los temas comunes en las obras de Borges.

Antes de leer

Esta lectura, "Borges y yo", del escritor Jorge Luis Borges (1899–1986), trata la visión en un espejo con la pregunta, "¿quién soy?" Autor conocido mundialmente por sus cuentos, ensayos y poesías, Borges fue estudiante de literatura y creó un mundo de juegos y de trampas. En este mundo, circundado por palabras, Borges no nos ofrece una salida fácil; para llegar a su significado tenemos que examinar lo que nos ofrece. Borges no presenta el mundo hispanoamericano tal y como lo encontramos en las páginas de la historia, sino como producto del mundo de las ideas, y nos hace pensar en la lógica de las mismas.

Es un retrato autobiográfico, pero pintado de una manera engañosa. Vamos a conocer a los dos Borges, "el otro" y "yo", que nos dan un retrato un poco esquizofrénico pero complejo de la misma persona. Piensa en la idea de dos personas en una.

Primero, debes leer el título, "Borges y yo", y pensar en qué quiere decir. ¿Quién será el "yo"? ¿Cuál será el propósito de Borges? Una posibilidad es que Borges quiera presentarnos dos facetas de sí mismo: un Borges público y un Borges privado. Se dice que todos tenemos más de una cara. ¿Estás de acuerdo? ¿Hay facetas distintas de tu personalidad? ¿Son diferentes la cara privada y la cara pública? ¿Se ve más esa diferencia en personajes públicos, por ejemplo, en los políticos y los actores? ¿Puedes citar un ejemplo de alguien que actúe de diferente manera según la situación? Veamos cómo se presenta Borges. . .

Lee el cuento pensando en nuestra discusión. Escoge y subraya las oraciones y palabras que reflejen la auto-descripción del narrador. También señala las secciones del cuento que más te llamen la atención.

Un glosario de palabras (señaladas en **letras negritas**) se encuentra al final del capítulo.

"Borges y yo"

Al otro, a Borges, es a quien le ocurren las cosas. Yo camino por Buenos Aires y me **demoro,** acaso ya mecánicamente, para mirar el arco de **un zaguán** y la **puerta cancel;** de Borges tengo noticias por el correo y veo su nombre en **una terna** de profesores o en un diccionario biográfico. Me gustan los relojes de arena, los mapas, la tipografía del siglo XVIII, las etimologías, el sabor del café y la prosa de Stevenson; el otro comparte estas preferencias, pero de un modo vanidoso que las convierte en atributos de un actor. Sería exagerado afirmar que nuestra relación es hostil; yo vivo, yo me dejo vivir, para que Borges pueda **tramar** su literatura y esa literatura me justifica. Nada me cuesta confesar que ha logrado ciertas páginas válidas, pero esas páginas no me pueden salvar, quizá porque lo bueno ya no es de nadie, ni siquiera del otro, sino del lenguaje o la tradición. Por lo demás, yo estoy destinado a perderme, definitivamente, y sólo algún instante de mí podrá sobrevivir en el otro. Poco a poco voy cediéndole todo, aunque **me consta** su perversa costumbre de falsear y magnificar. Spinoza entendió que todas las cosas quieren perseverar en su ser; la piedra eternamente quiere ser piedra y el tigre un tigre. Yo he de quedar en Borges, no en mí (si es que alguien soy), pero me reconozco menos en sus libros que en muchos otros o que en el laborioso **rasgueo** de una guitarra. Hace años yo traté de librarme de él y pasé de las mitologías del **arrabal** a los juegos con el tiempo y con lo infinito, pero esos juegos son de Borges ahora y tendré que idear otras cosas. Así mi vida es **una fuga** y todo lo pierdo y todo es del olvido, o del otro.

No sé cuál de los dos escribe esta página.

Después de leer

Comunidad de lectores: Investigadores, ¿qué información nos pueden dar sobre Borges y su tiempo? ¿Cómo incorporamos esta información a nuestra discusión del texto?

A. Interpretaciones

Interpretación individual:

1. Prepara un resumen breve del cuento (3–4 frases como máximo).
2. Haz una lista de las características de Borges y las características del "yo".
3. ¿Qué piensas de la relación que existe entre los dos?
4. ¿Qué significa la última frase del cuento?
5. ¿Cuál es el propósito de Borges al dividir su descripción de sí mismo? ¿Cuáles son las ventajas y desventajas de usar esta técnica? ¿Cuál es tu impresión de Borges después de leer este cuento?

Interpretación en grupo:

1. En grupos pequeños, compara tu resumen con los de otros alumnos, señalando las diferencias.
2. ¿Cuáles son las diferencias de interpretación entre ustedes sobre la relación entre Borges y el "yo"? ¿Todos tienen la misma opinión?
3. Comparen sus ideas sobre el significado de la última frase del cuento.
4. Comparen sus ideas acerca de la impresión que tengan ustedes de Borges. Recuerden que no es cuestión solamente de decir si les gusta o no, sino de defender sus opiniones.
5. Ahora, como clase, escriban un resumen conciso en la pizarra.

B. Hablemos personalmente

1. Borges nos habla de dos personajes. Todos mostramos distintas "caras" en distintas ocasiones. En una autopresentación en clase, ¿qué dirías de ti mismo/a?
2. ¿Te puedes presentar de otra manera? Por ejemplo, ante un público desconocido, al solicitar una beca o un trabajo, o ante los parientes mayores en una reunión fa-

miliar, o ante los niños. Con los compañeros del grupo, habla de las posibles diferencias. Escoge palabras características según cada público.

C. En mis palabras

1. Piensa en alguien famoso y escribe una descripción de esta persona, sin dar su nombre. En clase, presenta las oraciones en voz alta una por una hasta que tus compañeros adivinen quién es.
2. Para las próximas vacaciones de verano, tienes que llenar una solicitud de trabajo de verano para una empresa muy grande. Escribe una breve descripción de tus cualidades.

Estrategias para leer: El punto de vista

Un aspecto importante en cada lectura es el punto de vista. El punto de vista representa la perspectiva desde la cual se presenta el texto. Existen tres opciones: primera persona (yo y nosotros); segunda persona (tú, usted y ustedes/vosotros); y tercera persona (él, ella, ellos, ellas).

Como lectores tenemos que prestar atención al punto de vista de cada texto, para poder entender mejor los propósitos del autor. El punto de vista también afecta el tono del texto. Como escritores, tenemos que pensar en la voz que nos sirva mejor a nuestro propósito. Si queremos un ensayo personal, típicamente nos expresamos en primera persona. Para tener más distancia, podemos optar por usar la tercera persona, y si queremos hablar directamente a alguien, utilizamos la segunda persona.

Práctica

En el texto de Borges, ¿cuál es el sujeto de la mayoría de los verbos? ¿Cuál es el punto de vista? ¿Hay algún cambio del punto de vista? ¿Dónde? ¿Cuál es el efecto?

Modelo 2: Jose Martí, "Versos sencillos"

Comunidad de lectores.

INVESTIGADORES: Busquen información sobre José Martí y su época. Otra persona puede analizar la canción "Guantanamera" y la relación con este poema. Si pueden, traigan un disco con la canción a clase.

Antes de leer

¿Cómo nos definimos en distintas situaciones? ¿Nos definimos por la ropa? ¿por la apariencia? ¿por la forma de expresarnos? ¿Y cómo se diferencian las personas de distintas generaciones?

En la siguiente selección, el escritor cubano Jose Martí (1853–1895) nos ofrece otro espejo, el del exiliado. El narrador se revela a través del poema, explicando la naturaleza de su carácter, la sinceridad. Al leer, vemos que Martí se describe con palabras simbólicas y se compara con lo cotidiano de su vida y de su tiempo.

José Martí fue poeta, periodista, cuentista, ensayista, revolucionario y patriota. Como ardiente patriota luchó por la liberación de Cuba y sacrificó su vida en defensa de la libertad. Símbolo de esta combinación de ideales, lenguaje y acción, Martí es considerado como héroe nacional de Cuba y un escritor destacado.

En este momento, pasamos de la prosa a la poesía. Martí destaca en sus poesías el amor que siente por su tierra natal. En las secciones de la poesía que vamos a leer se ve su deseo de comunicarle al lector su pasión por esa tierra y los elementos de los que se compone el país. El poema es bastante largo, así que les ofrecemos el sabor de unas estrofas. Martí titula este poema, "Versos sencillos", y utiliza un metro sencillo (el verso octosílabo con rima a-b-a-b en la sección I y a-b-b-a en la sección V).

Nosotros los lectores podemos decidir si de verdad nos parecen sencillos los versos. ¿Qué más puede connotar la palabra "sencillo"?

1. Piensa en el título, "Versos sencillos". ¿Qué significa para ti este título? Teniendo en cuenta la idea de sinceridad, ¿qué esperamos encontrar en el poema? ¿A qué tipo de persona vamos a conocer?
2. Piensa en la vida de Martí. ¿Para quiénes escribió el poeta estos versos? ¿Cuál será su objetivo al escribirlos? El investigador puede ayudarnos aquí.

Versos sencillos (selecciones)

I

Yo soy un hombre sincero
De donde crece la palma;
Y antes de morirme, quiero
Echar mis versos del alma.

Yo vengo de todas partes,
Y hacia todas partes voy:
Arte soy entre las artes;
En los montes, monte soy.

Yo sé los nombres extraños
De las **yerbas** y las flores,
Y de mortales **engaños,**
Y de sublimes dolores.

Yo he visto en la noche obscura
Llover sobre mi cabeza
Los rayos de **lumbre** pura
De la divina belleza.

Alas nacer vi en los hombros
De las mujeres hermosas:
Y salir de los **escombros,**
Volando, las **mariposas.**

V

Si ves un monte de **espumas,**
Es mi verso lo que ves:
Mi verso es un monte, y es
Un **abanico** de plumas.

Mi verso es como un **puñal**
Que por el puño echa flor:
Mi verso es un **surtidor**
Que da un agua de coral.

Mi verso es de un verde claro
Y de un carmín encendido:
Mi verso es un **ciervo** herido
Que busca en el monte **amparo.**

Mi verso al valiente agrada:
Mi verso, breve y sincero,
Es del vigor del acero
Con que se funde la espada.

Después de leer

Comunidad de lectores: Investigadores, presenten la información que descubrieron sobre Martí y ayuden a la clase a relacionar esta información con el concepto de la identidad y con la figura del poeta.

A. Interpretaciones

Interpretación individual:

1. Resume brevemente las ideas principales.

2. ¿Qué indican estos versos acerca del narrador?
   a. "de donde crece la palma"
   b. "arte soy entre las artes"
   c. "llover sobre mi cabeza"
3. Piensa en un adjetivo—no encontrado en el poema—para describir a Martí. Justifica la selección, escribiendo un par de oraciones.

A. Interpretación en grupo:

1. Compara tu resumen con los de tus compañeros.
2. Como clase, comparen los análisis de los versos arriba. ¿Están de acuerdo en el significado?
3. En la pizarra, escriban la lista de adjetivos utilizados para describir a Martí. Hay mucha diferencia de opinión sobre el autor o no?

B. Hablemos personalmente

1. Primero, habla con otro compañero y dale información sobre el lugar o la tierra de donde vienes. Segundo, uno de los compañeros va a ofrecer a los otros alumnos una breve interpretación de lo que le dijiste.
2. Compara las características de lo que presenta Martí con lo que presentan tus compañeros sobre sí mismos. ¿Cuáles son las diferencias de enfoque?

C. En mis palabras

1. Hemos visto dos presentaciones biográficas en este capítulo. Teniendo en cuenta la presentación que hiciste después de leer a Borges, ¿puedes añadir algo más? Escribe otro borrador del autorretrato.
2. Escribe un anuncio personal para un periódico que ofrece un servicio de anuncios personales clasificados. ¿Cómo será diferente este autorretrato del que hiciste para el ejercicio uno?

PASO 2 ESCRIBIR POR MODELOS

Escribir un autorretrato

En el mundo de la composición, la descripción consiste en describir algo o a alguien. Exploremos un poco qué significa "describir". ¿Existen palabras alternativas que podemos usar como sinónimos? ¿Qué tal "dibujar", "pintar", "retratar" y "crear"? Está bien. Escribir descripciones consiste en querer crear una impresión, digamos fotográfica, para el lector.

A la hora de escribir una descripción, tenemos que decidir cómo queremos presentar a la persona. En el caso de un autorretrato, tenemos que escoger lo que deseamos presentar de nosotros mismos. Podemos optar por una descripción más objetiva y concisa o una descripción muy complicada, amplia o exagerada. Compara los dibujos en la página—¿cuál es la diferencia entre ellos?

Borges nos ha presentado una imagen muy compleja de sí mismo. Para él, la pregunta "¿quién soy yo?" parece muy difícil. ¿Es tu propia descripción de ti mismo tan compleja como la de Borges?

En cambio, Martí ha creado un poema para presentarse en el que se compara con otros objetos. Comparando las descripciones de Martí y de Borges, ¿qué diferencias notas? ¿Cómo es el personaje descrito en cada ejemplo? ¿Cuál es el tono de cada texto? Crea una lista de las palabras que describan a cada escritor.

Estrategias para escribir: los adjetivos

¡Manual! Consultemos el Manual para el estudio gramatical de los adjetivos.

El uso de adjetivos es uno de los componentes fundamentales para describir bien. Sabemos que los adjetivos sirven para modificar los sustantivos: hay adjetivos para señalar aspectos físicos, emocionales, intelectuales y mentales. Al crear una descripción, debes tener presente la necesidad de escoger los adjetivos más representativos del objeto. Estudiemos maneras de ampliar nuestra lista de posibles adjetivos:

Los sentidos. Una técnica útil para crear una descripción completa es pensar en los cinco sentidos: la vista, el oído, el sabor/el gusto, el olfato y el tacto. Si quisieras describir un coche deseado, podrías incluir información detallada. ¿Cómo suena el motor del coche que quieres comprar? ¿Qué sientes si pasas la mano por el tejido del asiento? Los anuncios de coches en la televisión evocan los sentidos para pintar imágenes muy vivas.

Los sinónimos. A veces nos limitamos a usar las mismas palabras una y otra vez. Otra técnica para añadir nuestro sello personal en una descripción y destacarnos de los demás es evitar las palabras comunes y corrientes y elegir un sinónimo más original.

Práctica

1. Las listas—buscando palabras nuevas.
   a. Haz una lista de diez adjetivos que usas para describirte. Puedes incluir aspectos físicos, intelectuales y emocionales.
   b. Crea una lista de palabras que otros—tus padres, tus hermanos, tus amigos y tus profesores—usarían para describirte.
   c. Piensa en palabras que no te describen, pero que quizás esperas que te describan dentro de unos años. A lo mejor son metas personales también. Haz una lista con ellas.
   d. Compara tu lista con la de un compañero. ¿Hay unas palabras nuevas? Selecciona las palabras que más te gusten y memorízalas.
2. Ya estás cansado de usar siempre las mismas palabras. Las palabras siguientes son muy comunes. Intenta encontrar dos sinónimos más originales.

   modelo: inteligente: listo, sabio, cerebral, sabelotodo

   a. simpático
   b. antipático
   c. alto
   d. generoso
   e. viejo
   f. responsable
   g. perezoso
   h. delgado
   i. joven
   j. tonto
3. Analiza los retratos al principio de este capítulo. Imagina que eres una de esas personas. Escribe algunas oraciones de auto-descripción.

PASO 3 REDACTAR POR MODELOS

Estrategias del proceso: El jardín de las ideas

Muchos estudiantes se quejan de que el problema más grave que tienen es cómo empezar la composición. No tienen ideas muy claras y por eso escriben sin estar seguros de lo que escriben. En esta sección, practicaremos una manera de iniciar una composición: la escritura libre con reloj. Este tipo de escritura es un ejercicio de precomposición, una actividad para enfocarnos. No es la composición en sí, sino un borrador provisional de la misma.

La escritura libre con reloj consiste en ponerse a escribir continuamente por un tiempo limitado. Lo mejor es empezar con un límite de tiempo breve, como cinco o die diez minutos. El propósito es escribir cualquier idea que te venga a la mente, sin dejar de escribir, sin redactar, sin preocuparte por tener ideas claras o una gramática correcta. No importa si te sales del tema original. Recuerda, ¡es sólo un borrador!

Práctica

Paso 1: Siéntate. Piensa en un tema. Comienza a escribir acerca de la idea que primero te venga a la mente y escribe durante cinco minutos sin parar. Escribe cada idea. No pares de escribir.

Paso 2: Después de cinco minutos, deja de escribir.

Paso 3: Vuelve a leer lo que escribiste.

Paso 4: Escoge las mejores oraciones y márcalas con un círculo. Si no te gusta ninguna oración de las que escribiste, vuelve a empezar por el paso 1.

Paso 5: Ahora, con las oraciones seleccionadas, escribe el borrador de tu composición.

Debes incorporar esta estrategia cuando no sabes por dónde empezar, y cada vez que no estés seguro de cómo continuar una composición. También es muy útil distinguir entre las oraciones principales y las oraciones secundarias.

Claves de la composición: La importancia del título

Todo autor sabe que algunas de las palabras más importantes de toda composición son las del título. Sin embargo, los estudiantes normalmente no piensan mucho en el título. Después de terminar un ensayo, ¿quién tiene ganas de pensar en un título creativo? Sin embargo, es un trabajo esencial.

El título no sólo sirve para explicar el contenido del texto, sino también para llamarle la atención al lector. El título en sí puede crear la relación entre el autor y su público, sugiriendo un tono informal o formal, humorístico o serio.

¿Cuáles son las normas para crear un título? Primero, no es apropiado dejar el ensayo sin ningún título. Segundo, no debes pensar que la tarea misma sirve de título, ya que debes intentar que tu texto se destaque entre todos los otros ensayos. ¡ *Tu* título debe ser único! Tercero, el título debe representar tus ideas principales. Cuarto, el título debe contener cierta chispa, algo representativo del tono que quieras expresar. Es esta chispa la que sirve para despertar el interés de los lectores.

Práctica

1. Escribe una lista de los títulos de tus libros y películas favoritas. Compara la lista con las de otros estudiantes. En clase, discute por qué son efectivos. Como grupo, pueden votar por el título más expresivo y llamativo.
2. Pensando en los dos modelos que leímos, "Borges y yo" y "Versos sencillos", ¿piensas que los dos títulos son apropiados? ¿Puedes sugerir otros títulos que sirvan el mismo propósito?

Estrategias para editar: Ser escritor es ser redactor (la clave editorial)

Escribir un ensayo no es sólo sentarse a escribir en el momento, sino un proceso largo de encontrar ideas, organizarlas, exponerlas, y luego volver a pensarlas y revisarlas. Para la mayoría de los escritores, escribir es redactar. Escribir es cambiar de mentalidad al igual que nos vestimos cada mañana: nos ponemos y nos quitamos varias veces unas prendas distintas hasta captar el "yo" que queremos presentar al mundo ese día en particular. Escribir es quitar o añadir ideas y revisar el tono hasta que tengamos justo el ensayo que revele nuestras ideas—y actitud—del tema.

¡Manual! Pensemos en lo que es redactar y evaluar un ensayo. En el Manual hay unos modelos de claves editoriales que usaremos para crear una clave editorial que refleje las metas particulares de nuestro grupo. Usaremos nuestra clave para redactar ensayos estudiantiles en este capítulo y los que siguen.

PASO 4 CREAR NUESTROS MODELOS

Al crear nuestros propios modelos de escritura, debemos tener presentes todas las ideas que hemos estudiado. Usaremos una lista de verificación para asegurarnos de que incorporemos dichas estrategias a los ensayos.

1. Escribe un poema autobiográfico al estilo de Martí.
2. Escribe un autorretrato al estilo de Borges. En este ensayo, en vez de crear un párrafo que parezca una lista de tus rasgos, debes enfatizar sólo ciertas cualidades. Piensa en todos los aspectos de ti mismo—físicos, intelectuales, emocionales—y escoge sólo uno o dos. Debes efectuar una escritura libre con reloj para enfocarte. El objetivo es crear un retrato coherente, especial y único.

Lista de verificación para entregar con el ensayo.

¡OJO! Antes de entregar:

1. ____ He hecho una escritura libre y varios borradores.
2. ____ He creado un título apropiado.
3. ____ Las ideas desarrolladas sirven el propósito. No necesito más.
4. ____ He quitado ideas que no son tan relevantes.
5. ____ He incorporado adjetivos que me describen bien.
6. ____ Pensando en la clave editorial, he prestado atención a los aspectos de la organización, el estilo y la gramática.

GLOSARIO

Borges, "Borges y yo"

el arrabal: barrio pobre
constar: asegurar la veracidad de algo
demorar: tardar en llegar
una fuga: huida apresurada, irse rápidamente
puerta cancel: una contrapuerta
rasgueo: acción de tocar la guitarra
una terna: lista
tramar: planear
un zaguán: vestíbulo en la entrada de la casa

Martí, "Versos sencillos"

abanico: instrumento plegable para hacerse aire
ciervo: animal ruminante
engaños: decepciones
escombros: lo que sobra de un edificio derrumbado
espumas: las burbujas en la superficie del mar
lumbre: luz
mariposas: insecto alado de colores brillantes
puñal: arma en forma de cuchillo
surtidor: chorro vertical
yerbas: plantas o matas

Capítulo 2

Escritor fotógrafo

Modelos: Escritor fotógrafo

¿Te has fijado que el escribir es como sacar fotos? Pensando en el título, "Escritor fotógrafo", y viendo los dibujos, ¿qué opinas de la comparación? ¿En qué sentido se parecen los fotógrafos a los escritores?

En este capítulo, seguiremos con el estudio de la descripción. Estudiaremos descripciones escritas por otras personas. Incorporaremos todo lo que estudiamos en el Capítulo 1, pero nos enfocaremos en otros aspectos de la descripción.

Modelos de lectura:
- leer descripciones de otros
- sacar los elementos de un cuento

Modelos de escritura:
- hacer comparaciones
- la descripción de otro

Manual de gramática:
- los verbos "ser y estar"
- las comparaciones

Manual de redacción:
- la coherencia del ensayo
- la primera oración

PASO 1 LEER POR MODELOS

Vamos a leer un cuento muy descriptivo, "Mi tío Cirilo", de Sabine Ulibarrí. El escritor ofrece imágenes animadas y escribe con un estilo muy vivo.

Modelo: Sabine Ulibarrí, "Mi tío Cirilo"

Comunidad de lectores. Segundo miembro: El que resume.

Añadimos un nuevo papel a nuestra comunidad de lectores: el que resume. Estos miembros se encargan de preparar un resumen breve (uno a dos minutos) de la lectura. El trabajo consiste en destacar los puntos sobresalientes. Uno de los objetivos de este capítulo es sacar los elementos básicos de un cuento y los que resumen asumen la responsabilidad de ordenar dicha información para la clase. Sin embargo todos van a tratar de entender de su propia manera el contenido de la lectura. También seguimos con los investigadores que buscan información sobre el escritor y su época.

INVESTIGADORES: Busquen información sobre Ulibarrí y la vida del suroeste de los Estados Unidos en las últimas décadas. ¿Cómo era y cómo es la vida de los hispanos en el Suroeste? ¿Qué es "la tierra amarilla"?

Antes de leer

Sabine Ulibarrí (1919–) es un escritor estadounidense contemporáneo, profesor jubilado de español del departamento de idiomas en la University of New Mexico. Ulibarrí recuerda en sus cuentos de "La tierra amarilla" la vida más sencilla de su juventud en el suroeste de los Estados Unidos. Sus obras, tanto en prosa como en poesía, se inscriben dentro de la tradición oral de esta zona y señalan la cultura y las tradiciones del suroeste. Sin embargo, lleva a esta tradición la erudición y el cariño que siente por la tierra amarilla.

En los cuentos de Ulibarrí en la colección, *Mi abuela fumaba puros,* el narrador nos habla desde la perspectiva del niño, los recuerdos filtrados por la memoria de ese niño. Claro que no es el niño el que relata el cuento, de modo que el narrador muestra cierta tensión del tiempo y la memoria. En nuestro pasaje, la admiración emocionante del niño por su tío, combinada con un sentido de humor, nos retrata el carácter del tío.

Mi tío Cirilo

Era grande, era fuerte, era gordo. Su bigote negro y denso era desafío y amenaza. Escondía una boca que nunca sonreía y unos dientes que yo me imaginaba eran feroces. Su pipa curva, ya en la mano ya en la boca, era arma que no hacía falta disparar. Ceñudo. **Sombrío.** Cuando iba por la calle, todos los cristianos del valle le saludaban con mucho respeto y un tanto de **recelo.** Casi nunca hablaba, y cuando hablaba, **tronaba.**

Era mi tío Cirilo, alguacil mayor del Condado de Río Arriba. Tío político. Mi tía Natividad era mi tía abuela. Crecidos ya sus hijos e idos, pasaba mucho tiempo sola. Yo solía ir a visitarla. Siempre me regalaba los mejores pastelitos y biscochitos y su melcocha era cosa de las diosas.

A mi tío yo le tenía más respeto que nadie, más que respeto era miedo. No sé si sabía mi nombre. Cuando alguna vez nos topábamos por la calle, en misa o me sorprendía en su casa, me tronaba, "¡Hola, muchacho!" Yo le contestaba tembloroso y sumiso, "Buenos días, tío," y buscaba ansioso la manera de escaparme.

No que fuera malo conmigo. Siempre me daba un cinco. Es que aquella **facha** suya era para asustar a todo pecador y malhechor. Y como yo siempre tenía algo que esconder, siempre tenía la sensación de que él, de manera misteriosa lo iba a saber y me iba a **fulminar.**

Era imponente el tío. Era de verlo zarandearse por la calle. Un pistolón de un lado. Una daga en el otro. La cartuchera **ceñida** debajo de la barriga. Una cuarta en la mano con la que de vez en vez **se azotaba** la pierna derecha. Caminaba como si tuviera prisa de no llegar a ninguna parte.

Cuando entraba en la cantina o en la peluquería, la **algazara** se apaciguaba, la conversación se tornaba respetable y tranquila. Nadie se equivocaba. Su presencia era la presencia de la ley. Una ley grande, fuerte, y gorda, con un bigote negro y denso que escondía una boca que no sonreía.

Repito, no es que fuera malo, no tenía que serlo. Metía miedo y eso es todo. Así lo hizo todo sin tener que hacer nada.

Claro que tenía fama, y esa fama era su **escudo de armas.** Cuentan que una vez se le escapó un prisionero de la cárcel. El alguacil lo siguió y lo alcanzó en Ensenada.

Era Semana Santa y había una multitud ese Jueves Santo cuidando el desfile de los Penitentes **azotándose.** Entre la gente estaba el malvado muy **ufano** contemplando aquel feroz servicio religioso, y seguramente sintiéndose cerca de Dios. Cuan cerca no sabía.

Surgió la ley con su bigote denso y negro como una tormenta amenazadora, y tronó: "¡Majadero, sinvergüenza, infame!" y otras cosas no muy apropiadas al día santo y al sentimiento religioso.

Era como si un **ventarrón** furioso hubiera soplado a través de la ladera, limpiando el mundo de gente y acabando con los penitentes. De pronto el pobre **reo** se quedó solo y mondo, clavado como una cruz en su proio Monte Calvario.

El polizonte, bravo como la nube más negra, disparando violentos truenos, lanzó el lazo como un rayo. Lazó al fugitivo como a una res. Y después se lo echó por delante con **la soga** al cuello como cualquier animal. Desaparecieron.

Pasó la tormenta. Se serenó el mundo. Apareció el gentío desaparecido. La gente callada empezó a hablar y a comentar. De pronto se oyeron dos tiros.

Después se supo. Después se dijo. Don Cirilo había muerto a Crescencio. Algunos decían que Cresencio andaba armado y que le había disparado a don Cirilo y que eso explicaba los dos tiros. Otros decían que el difunto no andaba armado. El difunto, claro, no dijo nada.

En el informe oficial se anotó que en efecto el reo de muerte le había disparado al oficial. Nadie lo contestó. Nadie quiso ver la segunda pistola.

Teníamos en el colegio una monja que nos hacía la vida imposible. No he conocido en mi vida una mujer más mala que esta bendita vieja. De seguro debe haber explicaciones sicológicas y biológicas que aclaren su constante furia y rabia, pero no me importa especular sobre eso ahora.

Tenía **una varilla,** seca y fuerte, con la que nos demostraba que este mundo es un valle de lágrimas. Nos hacía extender las dos manos abiertas, primero palmas arriba, luego palmas abajo, y nos fajaba por ambos lados. El ardor y **la hinchazón** que nos duraba días eran motivo para que siempre pensáramos en ella. Ni como ir a quejarnos a casa. Sabíamos que nos iría peor. Como es de esperar, nosotros buscábamos la manera de vengarnos. Era guerra abierta. Nosotros también le dimos motivo para que se acordara de nosotros con frecuencia.

Le poníamos culebras, ratas, gatos muertos en **las gavetas** de su escritorio. Metíamos cabras en la sala de clase, esto acompañado por el gran **barullo** de sacar a los animales. Encerábamos el piso, produciendo la danza más grotesca y macabra que se puede imaginar con los gemidos, lamentos y descalabros fingidos de esperar. Una vez cargamos con una tremenda piedra de carbón que se había caído de un camión y la pusimos en su mesa. Cuando entró ella alzó el grito al cielo, como sabíamos que lo haría. Varios de nosotros nos ofrecimos a sacar la piedra como buenos muchachos que éramos. Pero la maldita piedra se nos caía y **se desmoronaba** un poco. La volvíamos a recoger. Se nos volvía a caer. Luchando heroicamente, acabamos **la faena.** Es decir acabamos con la piedra. Ahora había mil pedazos de carbón donde antes había sólo uno.

Durante y después de estos episodios se enfurecía. Se ponía colorada. Bufaba. Gritaba. Lloraba. Se desmayaba. Salía despavorida. Si no con maldiciones, con palpitaciones sí. Nosotros muertos de la risa.

Venía la directora. Nos sermoneaba. Nos interrogaba. Nadie sabía nada. Nadie tenía la culpa. Jamás he visto tal lealtad. Nunca nadie nos echó por la cabeza. Las muchachas eran nuestras más devotas aliadas y cómplices. Después nos castigaba a todos, pero lo sabroso de la venganza le quitaba las espinas al castigo. Una vez vino el presidente del cuerpo de educación. Sermón. Interrogación. Nada.

Pero esta vez fue el colmo. Esta vez ya no tuvo remedio. A uno de los muchachos se le ocurrió una diablura que era todo dulzura. Era serruchar en parte una pata de su silla y esperar a ver qué pasaba.

Entró ella endemoniada como siempre. Nosotros todos a la expectativa. Nerviosos. El placer y el miedo eran uno. Esto iba a ser lindo.

Como de costumbre, se dejó caer sobre la silla. Era gorda y caía fuerte. ¡La silla **se aplastó!** ¡Espectáculo! Monja patas arriba. Calzones nunca vistos. Se le cayó **la capucha** y nos reveló el secreto de si son pelonas las monjas o no. Se desmayó. Alguien fue por la directora. Nosotros asustados de veras esta vez.

Esta vez mandaron a llamar al alguacil mayor. Entró. Se plantó ante nosotros. Nos miró. **Se azotó** la pierna derecha con la cuarta. Eso fue todo. De una manera misteriosa descendió sobre nosotros un espíritu de expiación y de reformación. Creo que nos entró el amor de Dios. Nunca ha habido en la historia de la jurisprudencia o de la salvación unos penitentes tan penitentes como nosotros.

Había entre nosotros un chico que le llamábamos "El Sudón". Porque sudaba mucho por eso. Cada vez que se complicaban las cosas a él le salía el sudor a chorros. Cada poro **un chorro.** Esta vez estaba bañado. No me habría sorprendido ver **un charco** a sus pies. De modo que de pronto llamó la atención del inquisidor.

Don Cirilo le clavó la mirada.

—¿Cómo te llamas tú?
—Su. . . Su. . . Sudón, señor.
—¿Cómo?
—Artu. . . Artu. . . Arturo Peña, señor!
—Y el Sudón confesó y no negó. Confesamos todos. Todos los varones de la clase.
—Tú, ¿cómo te llamas?
—Fermín Manzanares, señor.
—¿Y tú?
—Abel Sánchez.

Así siguió. Tomó nota. Nos castigó. Tuvimos que ir a la iglesia siete días y rezar siete rosarios.

Volvimos a la escuela. Monja nueva. Terminó la guerra. Nada más paz y orden público. Estos eran regalos que los dioses le daban a Don Cirilo. Allá donde esté nuestra monja tendrá que acordarse de nosotros como nosotros nos acordamos de ella.

Don Cirilo se llamaba, y si no se hubiera muerto todavía se llamaría.

Después de leer

Comunidad de lectores: Los investigadores y los que resumen deben dirigir la discusión en clase después de que todos hayan leído la lectura en casa.

A. Interpretaciones

Interpretación individual:

1. Escribe un resumen del cuento.
2. En un grupo pequeño, compara este resumen con el de otros para ver si hay diferencias de enfoque. En grupo, intenten crear un resumen en común.
3. Escoge cuatro o cinco palabras que te parezcan claves.

Interpretación en grupo:

1. Cada grupo debe presentar a la clase su versión del resumen. Los que resumen, ¿Qué añaden a la información encontrada en cada grupo?
2. Comparen las palabras claves de los estudiantes. ¿Qué impresiones dan del texto?
3. ¿Cómo es el personaje principal? ¿Están de acuerdo en quién es el personaje principal?—¿el sobrino o el tío?

B. Hablemos personalmente

1. ¿Cuáles son las características del tío Cirilo que admira su sobrino? ¿Son características que admiramos hoy en día? Justifica tu respuesta.
2. ¿Cuáles son las características sobresalientes del sobrino? ¿Cómo lo imaginarías de adulto? ¿Cómo sería? ¿Por qué?
3. ¿Hay alguien en tu vida que te haya impresionado como el tío Cirilo? ¿Quién? ¿Por qué?
4. ¿Qué características respetas en otra persona? ¿Cuáles son las características más importantes de los amigos? o ¿de un candidato político en las elecciones?

C. En mis palabras

1. Escoge a un pariente (tío, hermana, abuela) y piensa en la característica más notable de esta persona. Escribe una descripción breve.

2. Comparte la descripción con la clase. ¿Quisieras seguir los pasos de esta persona? Justifica tu respuesta. ¿Cuál sería la reacción de la persona descrita si pudiera leer esta descripción? ¿Por qué?

Estrategias para leer: Los elementos y los géneros

Para analizar una lectura, el primer paso es entender cuáles son sus aspectos básicos. Ya hemos estudiado el punto de vista de un texto. También hay otros elementos importantes:

El género del texto: ¿Qué tipo de lectura es? ¿Cuento o ensayo? ¿Ficción o reportaje? ¿Cuento histórico o novela romántica? Unos géneros son: la poesía, el cuento, la novela, el ensayo y el teatro (el drama).

El ambiente: ¿Dónde tiene lugar cuándo? Muchas veces hay más de un tiempo y lugar. Puede haber un tiempo general, el siglo veinte, y varios tiempos dentro del texto: el verano, la noche, o el martes por la mañana, por ejemplo.

Los personajes: ¿Quiénes son los personajes principales? Debemos preparar un bosquejo breve de cada personaje principal, en términos de sexo, edad, aspectos físicos y emocionales.

El argumento/la trama: ¿Cuál es la historia básica? ¿De qué se trata? ¿Qué pasa?

El tema: ¿Cuál es el tema o la idea principal? ¿Hay propósito explícito del autor?

Estos cinco elementos, más el punto de vista, el estilo de lenguaje y el contexto histórico en el cual fue escrito el texto, forman la base del texto. El primer paso al analizar un texto es descifrar estos elementos. Cada vez que leemos algo los debemos tener en cuenta. Cuando lees un texto, debes buscar las respuestas a las preguntas que correspondan con cada elemento. Si el fragmento es difícil, este análisis te ayudará a enfocarte. Estás creando la estructura del ensayo, y esta estructura te servirá para comprenderlo mejor. Y, si puedes contestar a estas preguntas, has entendido la lectura.

Práctica

1. En una hoja, escribe los elementos básicos de “Mi tío Cirilo”.
2. Considera el poema, “Versos sencillos”, de José Martí. ¿Puedes sacar los elementos básicos?

PASO 2 ESCRIBIR POR MODELOS

La descripción de otro: Escritor fotógrafo

En el Capítulo 1, exploramos maneras de auto-descripción. En este capítulo, ampliaremos el mundo de la descripción: estudiaremos los métodos y las técnicas de describir a otras personas y otros objetos.

Como ya hemos dicho, describir se parece a la idea de sacar fotos puesto que incorporamos adjetivos precisos para matizar la descripción y evocar los sentimientos particulares del momento. En este capítulo pensamos en otras técnicas para escribir descripciones vivas.

Estrategias para escribir: Los métodos de comparación

¡Manual! En el Manual practiquemos las formas comparativas y el uso de los verbos "ser" y "estar".

La comparación. Además de comprender las estructuras gramaticales de la comparación, es útil explorar su uso como técnica eficaz en la composición. En una comparación, usamos dos objetos y hablamos de las diferencias entre ellos. Una persona puede ser más alta que otra, o menos simpática. Hay varias maneras de comparar para enfatizar un tema, para ponerle un tono más vivo y darle más claridad al texto.

El símil y la metáfora. El símil y la metáfora son dos técnicas de comparación. El símil se refiere a una comparación explícita de dos cosas. Como vimos en "Versos sencillos" de Martí, Martí se describe como el arte y como el monte, y dice que su verso es "como un puñal". El símil es una comparación en la cual se expresa la relación con una palabra conectiva, "*como*" o "*igual que*". Notemos más ejemplos:

Soy como el océano que nunca queda igual.

Corro como un conejo.

Eres tan lento como una tortuga.

Ella canta como pájaro.

La metáfora es el uso de un objeto para representar otro, sin tener que añadir la palabra conectiva. Sirve para presentar una imagen instantánea sin tener que usar muchas palabras. Martí también utiliza la metáfora, como vemos cuando compara su verso a "el ciervo herido". Notemos estos ejemplos:

¿Eres una mariposa? Bailas con mucha agilidad.

Mi coche es un cohete en la carretera.

Práctica

1. Hagamos el papel de escritor de anuncios clasificados. En este ejercicio, en vez de buscar palabras que evocan los sentidos, encuentra imágenes que reflejen el objeto deseado.

   modelo: coche: un jaguar, un limón

   a. televisión
   b. reloj
   c. coche
   d. tu equipo deportivo favorito
   e. traje
2. Escribe una lista de los adjetivos y las comparaciones encontrados en los modelos de lectura de los Capítulos 1 y 2.
3. Lleva a clase algunas fotografías personales o sacadas de revistas. En grupos de tres, describe cada foto con muchos detalles, usando adjetivos y comparaciones. Descríbeles esa foto a dos compañeros. ¿Qué representa? ¿Qué ocurre en la foto? ¿Dónde ocurre? ¿Cuándo? ¿Por qué la escogiste?
   a. Intercambia fotos con otros estudiantes. Escribe un párrafo descriptivo de la foto de tu compañero. Adivina qué ocurrió en la foto y crea un párrafo vivo.
   b. En casa, escoge una foto tuya y escribe algunas oraciones que capten la esencia de la foto para compartir con la clase.
4. Ampliando el vocabulario de nuevo. ¿Recuerdas el uso de sinónimos en el primer capítulo? Además de sinónimos para aumentar el vocabulario, podemos utilizar los símiles para describir de forma precisa y encontrar más variedad de palabras. Crea un símil para cada adjetivo, o crea dos símiles si se te ocurre más de uno.

   modelo: inteligente: inteligente como un buho, inteligente como un zorro

   a. simpático
   b. antipático
   c. alto
   d. generoso
   e. viejo

PASO 3 REDACTAR POR MODELOS

Estrategias del proceso: Especificar las ideas: El colador

En el Capítulo 1 aprendimos la estrategia de la escritura libre con reloj. En este capítulo, estudiaremos otra técnica al empezar un ensayo. Esta estrategia, "El colador" es una continuación de la escritura libre pero con más detalles. Cuando escribimos, a veces hay ideas que no pertenecen al tema y es difícil saber por dónde empezar. La técnica del colador sirve para precisar las ideas sobre el tema, como cuando pasamos un líquido por un colador. Sigue la explicación de dicha técnica:

Paso 1: Escribe continuamente durante un tiempo limitado, de siete a diez minutos.
Paso 2: Vuelve a leer lo que escribiste y señala sólo una idea que te guste.
Paso 3: Escribe esta idea en otra hoja, omitiendo las demás.
Paso 4: Usa esta idea como oración principal y nuevo tema y repite el paso 1.
Paso 5: Repite los pasos 2, 3, y 4 una vez más.

Al final, habrás pasado tres veces por este proceso y terminarás con una descripción precisa. Cada vez la escritura debe ser un poco más específica. Este proceso lo utilizas si necesitas un estímulo creador. Puedes llevar a cabo esta actividad para crear nuevas ideas y dejar a un lado las ideas que no parezcan relevantes.

Práctica

1. Vamos a practicar la técnica del colador. Tu tarea es describir a otra persona. Puedes presentar información física, personal, o biográfica de la persona o puedes explicar por qué son amigos. Tienes que decidir cuál de estas opciones vas a elegir.
    a. Para decidir el enfoque, completa los pasos 1 y 2.
    b. Usando la idea señalada de paso 2, completa los pasos 3, 4, y 5. ¿En qué aspecto te has enfocado: el físico, el personal, o el biográfico?

Claves de la composición: La primera oración

En el Capítulo 1 hablamos de la importancia del título. Ahora pasamos a la primera oración. Normalmente, ¿cómo empiezas un ensayo? ¿Has pensado en el estilo del comienzo? Pues, como el título, se usa la primera oración para llamar la atención del lector y presentar el tema del ensayo. Queremos invitar al lector a leer nuestra escritura y la primera oración sirve para abrir la puerta.

Repasemos unos consejos sobre la primera oración. Primero, la primera oración no tiene que ser una declaración. A veces los autores optan por empezar por una pregunta para el lector o una reacción al texto. Segundo, la primera oración puede variar según la información que presenta. A veces, la primera oración explica la idea principal del ensayo. En otras ocasiones, la oración describe al autor, el género, el contexto histórico. A veces, la primera oración es una cláusula poética y creativa que no ofrece ninguna información del ensayo, pero sirve para atraer nuestra atención e influirnos a seguir leyendo.

Lo importante es que prestes atención a la primera oración. También debes pensar en variar tu manera de comenzar un ensayo para no cansar al lector. Adelante. . .

Práctica

1. Vuelve a leer las primeras oraciones de los cuentos de este capítulo y el primer capítulo. ¿De qué tipo son?
2. Piensa en la manera de empezar un ensayo. Con el ensayo de este capítulo, trata de crear una primera oración distinta a la que has escrito antes.

Estrategias para editar: La coherencia de ideas

Al editar un ensayo, siempre buscamos una coherencia a lo largo del ensayo. Como redactores, solemos preguntarnos: ¿Tienen sentido todas las ideas? ¿Existen ideas difíciles de entender? ¿Se entiende bien lo que está tratando de comunicar el autor?

Al sacar fotos, los fotógrafos tienen que enfocar bien la cámara. Tienen que escoger el enfoque del primer plano y el fondo. El escritor tiene que pensar igual; no podemos incluir cada detalle; tenemos que decidir qué aspecto queremos captar en el trabajo, y como el fotógrafo, queremos representar una imagen viva y dinámica. En definitiva, es importante mantener una coherencia de ideas en un ensayo, desde el primer párrafo hasta la conclusión.

¡Manual! Consultemos el Manual para redactar la escritura estudiantil. Prestemos atención a la coherencia del pasaje y las primeras oraciones.

PASO 4 CREAR NUESTROS MODELOS

Debemos trabajar para escribir párrafos completos, bien organizados. Recordemos el marco que representa la foto. Los párrafos deben reflejar todos los detalles importantes del objeto de enfoque.

1. Pensando en una persona conocida, escribe un ensayo de 1–2 páginas (3–5 párrafos completos) describiéndola. Escoge un enfoque especial en la composición. Puede ser una característica de la persona, su rutina o un pasatiempo preferido. Recuerda los modelos de Ulibarrí y los modelos estudiantiles. No es importante incluir toda la información que se tiene sobre la persona, sino escribir una composición global y coherente.

Lista de verificación para entregar con el ensayo.

¡OJO! Antes de entregar:

1. ____ He hecho una escritura libre y varios borradores.
2. ____ He creado un título y una primera oración apropiados.
3. ____ Las ideas desarrolladas sirven el propósito. No necesito más.
4. ____ He quitado ideas que no son tan relevantes.
5. ____ Me he enfocado en la coherencia del ensayo.
6. ____ Los adjetivos y las comparaciones incluídos son llamativos y apropiados.
7. ____ Pensando en la clave editorial, he prestado atención a los aspectos de la organización, el estilo y la gramática.

GLOSARIO

Ulibarrí, "Mi tío Cirilo"

la algazara: ruido fuerte
aplastarse: deformarse
azotarse: darse golpes
barriga: el estómago
el barullo: confusión
la capucha: algo con que se cubre la cabeza
ceñida: rodeada alrededor del cuerpo
el charco: depósito pequeño de agua
el chorro: un líquido que sale con fuerza
una cuarta: un látigo
desmoronarse: caerse
el escudo de armas: (figurado) protección

la facha: el aspecto
la faena: el trabajo
fulminar: destruir
las gavetas: la parte del escritorio en donde se meten artículos
la hinchazón: inflamación del cuerpo
recelo: mirarlo con un poco de miedo
reo: prisionero
la soga: una cuerda gruesa
sombrío: de la sombra, un poco melancólico
tronaba: el sonido del trueno en una tormenta
ufano: orgulloso
la varilla: un palo estrecho y largo
el ventarrón: un viento fuerte

Capítulo 3

Escritor escultor

Modelos: El escritor escultor

En los capítulos anteriores, estudiamos técnicas de descripción basadas en el uso de los adjetivos y las comparaciones. Ahora vamos a concentrarnos más en la manera de cómo ser escritores selectivos. El propósito es usar palabras más precisas para señalar un significado particular. Estudiaremos al escritor en su papel de escultor.

¿Cuáles son los rasgos del escultor que quiere copiar el escritor? Cuando tenemos mucha materia escrita, como una masa grande de lodo, buscamos métodos de esculpir las oraciones y los párrafos para que el ensayo se fluya de una forma compacta y clara.

Modelos de lectura:
- análisis de rasgos particulares
- métodos para leer

Manual de gramática:
- los adverbios
- los pronombres reflexivos

Modelos de escritura:
- la descripción detallada
- la precisión y la concisión

Manual de redacción:
- los adverbios
- la selectividad

PASO 1 LEER POR MODELOS

Las lecturas de este capítulo nos ofrecen dos modelos distintos de descripción selectiva. Primero, leeremos "Preámbulo a las instrucciones para dar cuerda al reloj", de Julio Cortázar, autor conocido por su capacidad dinámica y concisa de escribir. Segundo, hay una selección de Steven Raulston, "Blusa de lino". En ambos casos, veremos cómo los autores utilizan un solo objeto para desarrollar su propósito.

Modelo 1: Julio Cortázar, "Preámbulo a las instrucciones para dar cuerda al reloj"

Comunidad de lectores. Tercer miembro: el experto del lenguaje.

En este capítulo añadimos el tercer miembro a nuestra comunidad, el experto del lenguaje. Mientras el investigador busca información del escritor y del trasfondo de la lectura, y el que resume ofrece un resumen del texto, el experto del lenguaje se encarga de estudiar las palabras del texto. Asume la responsabilidad de ayudar a la clase con el vocabulario difícil. No se trata sólo de usar un diccionario de inglés y de ofrecer traducciones, sino de poder explicar el significado de las palabras en español. Es necesario limitarse: la responsabilidad es encontrar 5–7 palabras esenciales y ayudar a la comunidad con los siguientes puntos:

a. ¿dónde se encuentra la palabra?
b. ¿cuál es el significado en este contexto particular?
c. ¿por qué es esencial esta palabra? ¿Por qué la escogiste?

OJO: Aunque mantenemos el glosario al final del capítulo, todos los miembros de la comunidad llevan la responsabilidad de intentar su propia interpretación del lenguaje del texto. Los expertos de lenguaje facilitan este aspecto de la discusión.

INVESTIGADORES:

a. Busquen información sobre Cortázar y su época, así como de su estilo y temas. ¿Cómo era la Argentina en aquella época? Busquen información sobre Perón y su influencia en el país en términos no sólo de la vida política sino también de la vida social, cultural y las acciones de los escritores en Argentina.
b. Busquen información sobre el "boom" literario en Latinoamérica.

Antes de leer

Julio Cortázar (1914–1984) es un escritor cosmopolita nacido en Bruselas, Bélgica, de padres argentinos. A temprana edad se mudó con su familia a la Argentina, donde permaneció durante los años formativos y empezó su carrera. Debido a la dictadura peronista, Cortázar salió de la Argentina y trabajó para las Naciones Unidas en París como traductor. Reconocido como uno de los escritores del "boom" latinoamericano, pasó a ocuparse sólo de la escritura. A lo largo de su vida le fascinó el aspecto de lo fantástico en la literatura, una cualidad que se encuentra en sus cuentos. Para él, este aspecto viene de lo cotidiano y pasa a ser parte integrante de la vida diaria. Cortázar en sus obras cortas entreteje la tensión narrativa de nuestro mundo inquieto, la cual nos quita la tranquilidad que encontramos en la vida diaria y en los objetos de uso común. Esta técnica no la desarrolla con un tono serio sino humorístico y juguetón.

"Preámbulo a las instrucciones para dar cuerda al reloj"

Piensa en esto: cuando te regalan un reloj te regalan un pequeño infierno florido, una cadena de rosas, un **calabozo** de aire. No te dan solamente el reloj, que los cumplas muy felices y esperamos que te dure porque es de buena marca, suizo con **áncora** de rubíes; no te regalan solamente ese **menudo picapedrero** que te atarás a la muñeca y pasearás contigo. Te regalan—no lo saben, lo terrible es que no lo saben—, te regalan un nuevo pedazo frágil y precario de ti mismo, algo que es tuyo pero no es tu cuerpo, que hay que atar a tu cuerpo con su correa como un bracito desesperado colgándose de tu muñeca. Te regalan la necesidad de darle cuerda todos los días, la obligación de darle cuerda para que siga siendo un reloj; te regalan la obsesión de atender a la hora exacta en **las vitrinas** de las joyerías, en el anuncio por la radio, en el servicio telefónico. Te regalan el miedo de perderlo, de que te lo roben, de que se te caiga al suelo y se rompa. Te regalan su marca, y la seguridad de que es una marca mejor que las otras, te regalan la tendencia a comparar tu reloj con los demás relojes. No te regalan un reloj; tú eres el regalado, a ti te ofrecen para el cumpleaños del reloj.

Después de leer

A. Interpretaciones

Interpretación individual:

1. Identifica los elementos del pasaje según la estrategia de lectura del Capítulo 2.
2. Escribe un resumen breve del texto.
3. Comparte tus respuestas con las de la clase. ¿En qué aspectos se diferencian las respuestas?—¿son diferencias de interpretación o de enfoque? Escriban un resumen en grupo.

Interpretación en grupo:

1. Pensando en el resumen, ¿cuál es la idea principal del pasaje? Los que resumen pueden dirigir la conversación.

2. Escoge las palabras claves del pasaje que se relacionen con el tema. Los expertos del lenguaje pueden dirigir esta conversación.
3. En este pasaje, Cortázar presenta varias metáforas para hablar de la relación del reloj y la persona que lo recibe. ¿Cuáles son las metáforas presentadas? ¿Qué opinas de ellas? ¿Qué añaden a nuestra interpretación?

B. Hablemos personalmente

1. Todos tenemos objetos favoritos—unos nos facilitan la vida, algunos son necesarios, y otros resultan agradables pero innecesarios. Ofrece una descripción de los objetos en tu vida. ¿Cuáles son necesarios y cuáles son superfluos? Comparte tu información con un compañero.
2. ¿Cuál es la actitud de Cortázar hacia el reloj? Selecciona palabras que representen su actitud. ¿Estás de acuerdo con él? ¿Llevas reloj? ¿Conoces a alguien que tenga muchos relojes? ¿Cuántos? ¿Qué representa tener muchos relojes? El reloj ¿es objeto de utilidad u objeto de joyería? ¿Por qué?
3. En grupos de tres, hagan tres listas de objetos: 1) cinco cosas que eran necesarias en la vida diaria hace 20 años; 2) cinco cosas que son necesarias hoy para la vida diaria; y 3) cinco cosas que serán necesarias para la vida diaria en 20 años. Todos los miembros tienen que estar de acuerdo con las listas. Al terminar, comparen sus listas con las de otros grupos.
4. Un juego de grupo de cuatro personas. Un miembro del grupo piensa en un objeto de la clase y los demás tratan de adivinar cuál es. Por turnos, los compañeros van a hacer preguntas sobre el objeto para adivinarlo—máximo 20 preguntas.

C. En mis palabras

1. Escoge un objeto utilitario de tu vida diaria. Primero, piensa en los usos de este objeto y las consecuencias de usarlo. Escribe unos párrafos que describan el objeto teniendo en cuenta el modelo de Cortázar. Procura escoger unas cuantas palabras que capten lo esencial del objeto.

Estrategias para leer: Los métodos de leer

Digamos que tienes dos días para leer una lectura de clase. ¿Cómo lo vas a hacer? ¿Es fácil leer en español o te cuesta mucho trabajo? Saber métodos de lectura te puede ayudar a mejorar la comprensión del texto, ampliar el entendimiento del español y ahorrar tiempo.

Cuando lees un texto, ¿qué sueles hacer? Al terminar el texto, ¿tienes una idea clara del tema y del argumento o no? Vamos a explorar un método para leer el texto; consiste en dividir la lectura en varias categorías. Cada una sugiere una manera de conocer mejor la lectura y de usar información que quizás ya tengas.

Antes de leer:

a. El autor y el contexto. Antes de leer cualquier lectura, fíjate en la información sobre el autor que acompaña la lectura o busca la información si no está incluída. ¿Es hombre o mujer? ¿Cuáles son sus temas típicos? ¿De dónde viene? ¿Dónde y cuándo escribió el texto? ¿Conoces el período?

b. Claves iniciales. A veces hay dibujos o fotos con la lectura que ofrecen una idea del contenido.

c. El título. Piensa en el título. ¿Te sugiere algo?

Al leer:

a. Lee el primer párrafo. ¿Te sugiere algunas ideas sobre el texto? ¿Te recuerdan algo de tu vida las ideas en el texto? Pensando en los elementos de texto estudiados en el Capítulo 2, ¿puedes contestar a esas preguntas?

b. Lee todo el texto. Lo mejor es leer sin detenerte a buscar muchas palabras. Si llegas a una palabra desconocida, subráyala, pero no te pares para usar el diccionario. Por útil que sea el diccionario, es mejor no usarlo durante la primera lectura.

Al terminar:

a. ¿Cómo salió? En una hoja, identifica los elementos del texto. ¿Entendiste bien la lectura? ¿Puedes resumirla?

b. Si no has entendido mucho de la lectura, vuelve a leerla nuevamente. Debes concentrarte en el sujeto y el verbo de cada oración. ¿Cuál es el verbo y en qué tiempo verbal está?

c. Con las palabras desconocidas, trata de descifrar el significado. ¿Qué clase de palabra es: sustantivo, verbo, adjetivo, adverbio? Consulta el diccionario si es necesario, pero no pierdas el tiempo en buscar muchas palabras.

Recuerda: El propósito es comprender la lectura. No es importante entender cada palabra en el texto. Si logras resumir la lectura e identificar los elementos, leiste bien. Debes trabajar hasta este punto, ni más ni menos.

Modelo 2: Steven Raulston, "Blusa de lino, circa 1939"

Comunidad de lectores.

Continuemos con los tres papeles de la comunidad. Sean creativos al dirigir las discusiones de la clase, incorporando las estrategias que hemos estudiado desde el Capítulo 1.

INVESTIGADORES: Busquen información sobre Raulston y sus intereses. Podrán visitar su página Web sobre el Camino de Santiago.

Antes de leer

Estadounidense, aunque nacido en el extranjero, Raulston (1958–) es profesor de español en el departamento de idiomas en la University of the South. Con un fuerte interés en la pedagogía, ha desarrollado varias técnicas para estimular la imaginación y la buena escritura. Continuando su interés en el Camino de Santiago, mantiene una página en la red sobre esta fascinante ruta antigua. En "Blusa de lino", se fija en una prenda particular, recordando otros objetos personales, ya sean ropa o juguetes, de la niñez, con las cuales trata de evocar un período del pasado o unas memorias personales. Estos recuerdos, efímeros o duraderos, nos ligan al presente y nos ofrecen una memoria muy fuerte porque están entrelazados con la prenda específica.

Blusa de Lino, circa 1939

Eran jóvenes.
Se conocieron en una fiesta en Londres.
Se hicieron reír. Se enamoraron.
Acabada la fiesta, se pasearon. En **el escaparate** de una tienda vieron una blusa de lino.
Era sencilla, hermosa, y él quería comprársela a ella.
Pero era domingo.
De allí en una semana, se declaró la guerra.
Le llamaron en seguida al servicio militar.
Antes de que tuvieran muchas oportunidades para hablar, él se había ido.
Durante una semana habían sido la pareja perfecta. . .
Pasó un año; pasaron dos.
Las bombas caían sobre Londres todas las noches. Ella esperaba noticias. La radio nunca se apagó. Las noticias fueron buenas.
Ella no había reído desde que él se marchó.
Una vez se le había ocurrido pasar a ver si todavía estaba la blusa de lino. Tenía miedo; pero fue, y sí estaba.
Se acabó el bombardeo.
Luego, un día, la radio anunció que se había acabado la guerra.
Ella estaba esperando al pie de la plancha.
El llevaba cuatro años, tres meses, cinco días de ausente.
Al principio no se dió cuenta de ella. Luego la vio, vio que ella iba a llorar. Él mismo se sentía a punto de **reventar.**
Consiguieron asientos en el tren para Londres. Para cuando llegaron, poco a poco llegaba la risa.
. . .

Ésta es la misma blusa de lino que llevaban las mujeres en 1939. Tenía un "look". Las actrices la llevaban en películas. Este mismo lino. El mismo corte. Los mismos botones cubiertos de lino. Los mismos detalles al cuello y las mangas. La misma blusa que ella llevaba el día que él regresó.

Después de leer

A. Interpretaciones

Interpretación individual:

1. Escribe una frase de resumen. Comparte tu resumen con los de la clase y fíjate en las diferencias.
2. ¿Cómo imaginas a la persona que lleva esta blusa?
3. ¿Qué hace con la prenda la persona? ¿Qué importancia tiene la prenda?
4. Escoge unas palabras claves que representen este pasaje.

Interpretación en grupo:

1. Los miembros de la comunidad, en colaboración con su instructor, deben crear unas actividades para resumir el texto y explorar el contexto, la interpretación y el lenguaje. Piensen en los dos cuentos e investiguen y discutan la relación entre personas, personalidades y objetos.

B. Hablemos personalmente

1. ¿Cómo representa a una persona la ropa que lleva? ¿Se puede cambiar la "personalidad" cuando se cambia la ropa? ¿Cómo?
2. ¿Hay cierto estilo de ropa que representa a un grupo en particular? Escoge unos ejemplos.
3. ¿Te gusta cambiar mucho de ropa? ¿Tienes muchos "estilos diferentes" o normalmente llevas el mismo tipo de ropa? ¿Cuándo y por qué cambias la ropa? ¿Cambias tu actitud si te cambias de ropa? Por ejemplo, ropa deportiva, ropa elegante, ropa rota, ropa cara. . .
4. ¿Tienes ropa favorita? ¿Tienes algo que has guardado muchos años y que nunca vas a tirar? Descríbele estas prendas a un compañero. ¿Por qué es especial la prenda?
5. Hay muchos anuncios en las revistas y en la televisión sobre la ropa. ¿Cuáles te llaman más la atención y por qué?

C. En mis palabras

1. Busca descripciones de objetos en los anuncios de una revista. ¿Cómo logra el anunciante un tono positivo del objeto? ¿Qué tipo de léxico usa? ¿Tiene éxito el anuncio? Ahora, con el mismo objeto del anuncio, trata de dar una descripción negativa, usando palabras, adjetivos y metáforas para cambiar el tono.
2. Piensa en un objeto o prenda de ropa que te guste muchísimo o que no te guste. Escribe un párrafo breve que incluya lo siguiente:

   algo descriptivo
   una metáfora
   un aspecto personal

   modelo: (las gafas). Aunque reconozco que las gafas son necesarias, no aguanto su intrusión en mi vida. Me siento encarcelado en ellas. . .

   modelo: (mi Walkman). Es posible que el Walkman haya reemplazado al perro como el mejor amigo del hombre. Mi Walkman me acompaña todos los días. Tiene una paciencia enorme, aunque no lo cuido bien. Se me olvida en todas partes, lo he dejado caer varias veces, no le pongo pilas nuevas. . . .

PASO 2 ESCRIBIR POR MODELOS

La descripción avanzada: El escritor escultor

Pensemos en dos piezas de escultura: "El pensador" de Rodin y la figura famosa de "David" de Michelangelo. Cada escultor empieza con una masa de lodo, piedra o mármol que cuidadosamente esculpe hasta que revele el cuerpo deseado, reflejando cada hueso, músculo o arruga en la piel. Resulta una figura con cierto carácter, con linéas delicadas y definidas, y un aspecto que revela un propósito o tema particular del escultor.

Nosotros los escritores seguimos un proceso parecido en que el bosquejo de ideas o el borrador equivale a la masa sin forma. No debemos de estar satisfechos con una composición no trabajada, como no lo está el escultor con un bulto sin forma. Para escribir bien, tenemos que saber esculpir, enfatizar ciertos aspectos y usar lenguaje detallado, único y vivo. En los capítulos anteriores, estudiamos maneras de *crear* la descripción y de ampliar el vocabulario; ahora nos toca explorar estrategias para escribir de forma clara, concisa y precisa.

Estrategias para escribir: Métodos selectivos (la representación, la precisión y la concisión)

¡Manual! En el Manual estudiemos las formas y el uso de los pronombres reflexivos y los adverbios.

La representación. Otra manera de realizar una descripción en la escritura es mediante la representación. En los modelos que leímos, Cortázar y Raulston usaron sólo un objeto para representar el tema. En vez de describir a una persona con una lista de rasgos, puede resultar más útil describir a la persona con un aspecto característico de ella, algo que englobe la vida de la persona. Se incorpora esta técnica de representación en varios campos artísticos. Hay muchos cuadros en los que una persona histórica está representada con un objeto ilustrativo. Y ¿los deportistas? El famoso Pelé, por ejemplo, siempre se ve con la pelota; se ve Shaquille O'Neal con la pelota de basquetbol, y se ve la tenista Martina Navratilova con su raqueta.

Piensa en algunas personas en tu vida. ¿Hay algo sobresaliente acerca de ellos? ¿Tienen un objeto (como un reloj o una prenda) o un rasgo particular, que les destaque sobre los otros?

La elección del verbo. En este nivel de escritura, ya debemos esforzarnos en utilizar un repertorio amplio de palabras. Debemos evitar el uso de las mismas palabras una y otra vez. Muchas veces, una palabra específica puede reemplazar tres o cuatro palabras más generales. En la oración, el uso del verbo ayuda muchísimo a expresar la idea de manera más precisa. Si lees otras composiciones tuyas, ¿has variado los verbos o no? En los modelos de este capítulo, y en los de los capítulos anteriores, notamos que no hay mucha repetición verbal. Sabiendo que cada palabra afecta el significado del pasaje, los autores optan por la mayor variedad. En tus composiciones, debes pasar tiempo asegurándote que no hay palabras superfluas. Vamos a empezar con el uso de los verbos. Hay por lo menos tres maneras fáciles de aumentar el vocabulario.

a. verbos de estado y de emoción. Hay varias maneras de expresar estados. Es muy común usar el verbo "estar" o "ponerse" con el adjetivo. Pero, muchas veces existe un verbo propio que expresa lo mismo.

estar/ponerse alegre:	alegrarse
estar/ponerse deprimido:	deprimirse
estar/ponerse triste:	entristecerse

b. verbos de rutina: Ademas de usar "comer el desayuno, comer el almuerzo, comer la cena" existen verbos como "desayunar, almorzar, y cenar".
c. El verbo "ser" y profesiones: Sustituye el verbo "ser" por la profesión propia:

era jugador de fútbol: jugó al fútbol

era cantante: cantó

El uso de adverbios. Pasamos ahora a la comprensión de las formas adverbiales. En el Manual hay una sección que trata de las formas adverbiales y la explicación de su uso; aquí repasamos únicamente razones para incorporar adverbios a las composiciones. Al igual que los adjetivos sirven para modificar los sustantivos, los adverbios sirven para modificar el verbo de una frase, dándo tonos y matices diferentes. Hay adverbios de tiempo, espacio y manera. Mientras que el verbo representa la acción de una oración, el adverbio amplia el mensaje del verbo para contestar cómo y cuándo ocurrió la acción. Pueden usarse como modificadores del verbo en forma sencilla, en frases verbales o como conjunción en oraciones largas, coordinadas o subordinadas.

Categorías de frases adverbiales:

de tiempo: cuando, siempre, después, con frecuencia, apenas, raras veces.

de espacio: en lo alto, por el camino.

de manera: despacio, con sabiduría, perezosamente.

El adverbio añade una connotación al verbo. Puede servir para enfatizar algo o darle un toque delicado a la acción, por ejemplo:

El estudiante aprendió.

El estudiante aprendió un poco.

El estudiante aprendió de prisa.

El anciano caminaba. . .

El anciano se movió lenta y pausadamente, apoyándose cuidadosamente en su bastón.

Los niños corrían. . .

Los niños traviesos corrían apuradamente a la escuela pero raras veces llegaban a tiempo.

La precisión y la concisión. La precisión y la concisión son dos amigos que deben acompañarnos a la hora de escribir. La precisión consiste en seleccionar la palabra que mejor represente la idea; la concisión, en poder expresar una idea de la forma más breve y clara posible. Aunque el uso de un lenguaje general no es incorrecto, es mejor optar por un lenguaje preciso porque ofrece más claridad. Mientras más específico sea un ensayo, más persuasivo y creíble resulta. Para lograr la concisión, quitamos las palabras que no son necesarias para comprender la oración. Así las palabras restantes reciben más atención.

Veamos la diferencia entre un lenguaje común y uno preciso:

lenguaje común: un automóbil, un coche
lenguaje preciso: el Ford Focus azul del año 2000

lenguaje común: un día frío
lenguaje preciso: un día tormentoso con lluvia, relámpagos y rayas

lenguaje común: una planta
lenguaje preciso: un árbol alto
lenguaje más preciso: un pino

Y veamos la diferencia entre un lenguaje excesivo y uno conciso:

lenguaje excesivo: Cuando era joven mientras aprendía el proceso de leer y escribir, tenía el hábito raro de querer comerme los lápices y los creyones.

lenguaje conciso: Mientras aprendía a escribir, solía comerme los creyones.

lenguaje excesivo: Para mí, es muy obvio que la última persona que llegó tarde a clase es la persona responsable de haber dejado abierta la puerta y no es la profesora la que tiene la culpa.

lenguaje conciso: La última estudiante que entró, no la profesora, dejó abierta la puerta del aula.

Recuerda: nuestra meta es escribir ensayos claros y vivos. De ahí que nos enfoquemos en el mensaje principal de cada oración y en apoyar dicho mensaje. Cualquier palabra que no represente la idea principal debe ser omitida o cambiada. Es más eficaz comunicar una idea de manera precisa que muchas ideas generales de una manera ambigua.

Práctica

1. ¿Cómo nos definen ciertos accesorios? Indica qué persona se definiría con cada uno de estos objetos y rasgos.

un reloj	una motocicleta	un piano
un monopatín	un libro	un mando de la televisión
un Walkman	un cigarro	

2. Haz una lista de algunas palabras que representen las siguientes actividades.

modelo: el patinaje de calle: monopatín, patines de ruedas
cantar: la voz, los instrumentos musicales

a. jugar al béisbol
b. jugar a los naipes
c. pintar
d. mirar la televisión

e. cocinar
f. leer
g. correr
h. salir con los amigos
i. bailar
j. navegar la red

3. Lee las siguientes cláusulas e intenta expresar la misma idea con menos palabras, teniendo presente los conceptos de la precisión y la concisión. Hay más de una posibilidad.

   modelo: Anoche cuando hacía la tarea > anoche cuando estudiaba
   Me ponía muy cansado. > me cansaba

   a. Anita estaba muy enojada
   b. Roberto no le dio el anillo como regalo
   c. Roberto no me llamó por teléfono
   d. Roberto se puso frustrado
   e. Anita fue a comer desayuno

4. Para ampliar el vocabulario, intenta dar una palabra descriptiva de los siguientes objetos usando letras distintas del alfabeto. El estudiante que encuentre más palabras en tres minutos "gana".

   modelo: coche usado
   auto, barato, conducir, despacio/desarreglado/deportivo, económico, fugarse, ganga/gasolina/gasolinero

   a. un collar
   b. un libro
   c. una chaqueta
   d. la música
   e. el estudiar

5. La descripción comprensiva. Para describir una idea o un objeto, normalmente procuramos hallar un adjetivo adecuado. Además de usar adjetivos, vamos a describir un objeto o un concepto utilizando varias partes de la oración.
   a. En parejas, hagan una lista de palabras que describan el objeto, procurando usar adjetivos, susantivos, verbos, y hasta metáforas.
   b. Con la lista de palabras, intenten crear una oración. No es necesario usar todas las palabras—lo importante es pensar en una connotación del objeto y crear una descripción adecuada.

   modelo: los zapatos
   palabras: grandes, caros, los tacones, bailar, elegante, Fred Astaire
   oración: Mis tacones representan las llaves de mi libertad cada viernes cuando me convierto en Fred Astaire hasta el amanecer.

   a. la televisión
   b. el avión
   c. una chaqueta de cuero
   d. una taza de café
   e. el regimen y el ejercicio

6. A jugar al pasapalabra. De la siguiente lista, escoge una profesión sin revelársela a tu compañero. Piensa en palabras que describan la profesión. Menciona una de esas palabras. Tu compañero tiene que adivinar la profesión.

   modelo: actriz: las películas. . . mujer. . . hacer el papel. . . el cine. . .

abogado/a	bombero/a	mecánico/a
profesor/a	escritor/a	policia
hombre/mujer de negocios	político/a	cirujano/a
reportero/a	juez	vendedor/a de coches
pintor/a	dentista	bibliotecario/a
ingeniero/a	lector/a	atleta

PASO 3 REDACTAR POR MODELOS

Estrategias del proceso: La estrella

Para alcanzar las estrellas como escritor, primero es importante entender las estrellas. Vamos a aprender una técnica que sirve para ampliar el vocabulario y poder escribir de una manera enfocada. Es otra forma de hacer un bosquejo antes de escribir el borrador. Para escribir una descripción selectiva usando la representación, tienes que decidir cuáles van a ser los objetos de representación (y qué elementos debes omitir). Usamos "la estrella" para enfocarnos:

Paso 1: Dibuja una estrella de cinco puntos en un papel.

Paso 2: En el centro de la estrella, escribe el tema o la tarea asignada. Como práctica, usemos: "una descripción de un pariente mayor".

Paso 3: En cada punto de la estrella, escribe un aspecto general del tema. Debes terminar con cinco posibilidades distintas relacionadas con el tema. En esta práctica, hagamos una lista de aspectos físicos o emocionales.

Paso 4: (opción 1): Escribe un borrador de un ensayo en el que cada punto es el tema de un párrafo sobre el tema. La Figura 1 nos ofrece un modelo. La escritora escogió a su abuela como tema y cada punto de la estrella menciona un aspecto de la abuela. En el ensayo la escritora va a usar las cinco ideas como guías y oraciones temáticas de cada párrafo. Es necesario limitarte a incluir sólo las ideas de los puntos sin añadir más, porque es imprescindible seleccionar claramente las ideas más sobresalientes.

Paso 5: (opción 2): Para ser aún más específico, desarrolla sólo una de las cinco ideas para representar el tema. Así creas un retrato representativo en vez de una lista de cualidades.

Repasa las cinco ideas y elige una que sirva como tema principal. Ahora crea otra estrella y en cada punto añade un elemento de apoyo al tema. La Figura 2 muestra el

FIGURA 3.1

FIGURA 3.2

trabajo de nuestra escritora. Seleccionó la costumbre de su abuela de cocinar comida mexicana y va a usar este aspecto para representar a su abuela: sus manos arrugadas, ágiles y suaves al tratar la masa; su voz dulce porque cantaba mientras cocinaba; su relación con la nieta (nuestra escritora) con quien cocinaba; la herencia de pasar las recetas étnicas y las costumbres tradicionales de generación en generación; y una descripción de la cocina misma que tanto la definía con los utensilios de cocina de otra generación.

Práctica

1. Deseas vender un coche que ya tiene quince años y no funciona bien. Tienes que escribir un anuncio clasificado. Quieres ahorrar dinero, usando pocas palabras, pero a la vez describir el coche de una manera positiva y precisa. Usa la estrella para encontrar las palabras más apropiadas. Recuerda, la estrella puede contar con verbos, sustantivos, adjetivos y hasta recursos estilísticos como metáforas.

Paso 1: Haz una estrella con el coche como tema e incluye todos los aspectos positivos del coche.

Paso 2: Haz una estrella con el coche y todos los aspectos negativos del coche.

Paso 3: Repasa las dos estrellas y escribe uno o dos párrafos de descripción.

Claves de la composición: El uso del diccionario y del libro de sinónimos y antónimos

Hemos estudiado estrategias para leer y escribir que se corresponden con la comprensión y el uso de palabras. Otra manera de mejorar la comprensión del texto y ampliar el vocabulario es saber usar tanto el diccionario como el libro de sinónimos y antónimos.

El diccionario. El diccionario sirve para buscar palabras desconocidas y para ampliar el vocabulario al escribir. Conviene consultar el diccionario al leer, pero hay que tener cuidado de no depender excesivamente de él.

a. Lo mejor es leer un pasaje primero sin acudir al diccionario, intentando sacar tu propia interpretación del texto. Si logras contestar preguntas con respecto a los elementos básicos del texto, has entendido bien. Sólo se debe usar el diccionario para buscar palabras claves.
b. También es importante buscar la palabra tanto en inglés como en español para confirmar que tienes el significado correspondiente a la lectura, puesto que muchas palabras cambian de significado según el contexto.

c. Finalmente, hay que saber la diferencia entre un sustantivo, adjetivo, adverbio o verbo. Un error común es usar una palabra equivocadamente. Por ejemplo, al escribir una descripción de "Superhombre", un estudiante escribió: "El Superhombre mosca". Lo que intentaba decir era "*Superman flies*" y usó la palabra "mosca" para decir "*fly*". Pero "mosca" es el sustantivo del insecto. No se conjuga esta palabra. "Volar" es el verbo correspondiente. La oración correcta es "El Superhombre vuela".

Recuerda: Debemos usar el diccionario con cuidado para evitar problemas o malentendidos con el uso incorrecto de palabras.

El libro de sinónimos y antónimos. Un libro de sinónimos y antónimos nos ayuda a evitar la repetición de palabras. Hemos estudiado la importancia de la variedad en el vocabulario. Los libros de sinónimos y antónimos nos ofrecen una riqueza de palabras para que escojamos la palabra más precisa para cada ocasión.

Al igual que el uso del diccionario, hay que acudir al libro de sinónimos y antónimos con cuidado. No todos los sinónimos y antónimos son perfectos. Primero debemos revisar la oración para ver si es necesario sustituir una palabra y si la oración cambia con dicha palabra. Intentamos encontrar la palabra que mejor refleje nuestra idea. A veces encontramos una palabra del mismo tipo (verbo por verbo). Otra opción es sustituir un verbo y quitar los sustantivos. Por ejemplo:

> *La organización decidió fundar una nueva beca para estudiantes extranjeros del primer año como Anselmo.*
>
> *opciones:* crear, dar, instituir, instaurar, formar, establecer, donar, becar
>
> *sustitución:* La organización estableció una nueva beca para Anselmo en su primer año.
>
> *revisión:* La organización le becó a Anselmo en su primer año.

Estrategias para editar: La selectividad y la variedad

Como hemos visto, la descripción incluye la capacidad de ser selectivo cuando escribimos. Es decir, la precisión y la concisión. Recuerda que la precisión consiste en escoger la palabra que mejor represente la idea y la concisión es saber omitir palabras innecesarias. Hay que decidir cuáles son las ideas sobresalientes y cuáles son las menos relevantes, tal como trabajan los escultores—refinando y quitando.

Hemos realizado ejercicios aquí en el texto para captar estas nociones de la selectividad. En cada ensayo que escribimos—con la escritura descriptiva, analítica o literaria—necesitamos desarrollar nuestro hábito de selección. No olvidemos tampoco la noción de variedad léxica, la cual es sumamente importante a la hora de crear borradores tanto como al editar.

¡Manual! En el Manual vamos a ayudar a nuestros compañeros universitarios que han escrito ensayos buenos pero que pueden mejorarse con más atención escultural.

PASO 4 CREAR NUESTROS MODELOS

Vamos a intentar efectuar una descripción detallada. Teniendo en cuenta la información de este capítulo y de los dos capítulos anteriores sobre la descripción, tratemos de escribir un ensayo completo.

1. Vuelve a escribir el ensayo que escribiste en el capítulo dos de una manera más concisa; añade más información sobre el tema (2–3 páginas en total). Intenta dar una representación viva de algo de tu vida.
2. Escribe sobre un objeto representativo de tu vida, exponiendo claramente tu relación con ese objeto mediante palabras enfocadas y precisas.

Lista de verificación para entregar con el ensayo.

¡OJO! Antes de entregar:

1. ____ He hecho una escritura libre y varios borradores.
2. ____ He creado un título y una primera oración apropiados.
3. ____ Las ideas desarrolladas sirven el propósito. No necesito más.
4. ____ He editado mi ensayo pensando en la selectividad (la precisión y la concisión).
5. ____ He escogido lenguaje modificador y descriptivo que sirve bien.
6. ____ Pensando en la clave editorial, he prestado atención a los aspectos de la organización, el estilo y la gramática.

GLOSARIO

Cortázar, "Preámbulo a las instrucciones para dar cuerda al reloj"

áncora: pieza que adorna el reloj
el calabozo: cárcel, prisión
menudo picapedrero: persona (pequeña) que labra piedras
vitrinas: ventanas donde se ve lo que se vende

Raulston, "Blusa de lino"

arrugado: que tiene pliegues, no está bien planchado
bizca: la vista torcida
desteñida: descolorida
el escaparate: vitrina, donde se ve lo que se vende
reventar: estallar, explotar

Capítulo 4

Escritor reportero

Modelos: Escritor reportero

En los primeros tres capítulos exploramos maneras diferentes de describir. Usamos los modelos del fotógrafo y del escultor, unos profesionales que basan su trabajo en la representación de imágenes. Ahora consideramos un nuevo mundo, el de la escritura narrativa. Aunque todavía utilizaremos la escritura descriptiva, la narrativa se diferencia de la descripción por contestar tanto a las preguntas "¿qué ocurre?" o "¿qué ocurrió?" como a la pregunta, "¿cómo es?" de la descripción.

El primer modelo que nos sirve para explorar la narrativa es el del reportero. ¿Cuál es el papel del reportero? Toma apuntes y cuenta los detalles de un suceso. Piensa en el periódico y en los artículos informativos—¿cuáles son las características de un artículo? Especialmente la primera página—siempre es un reportaje de los sucesos recientes, ¿verdad? El reportero tiene un objetivo: llegar al fondo del asunto, conseguir los hechos, y contárselos al público.

Ser escritor reportero es el primer paso al considerar la narrativa. Queremos observar y averiguar todos los hechos y contarlos. En este capítulo nos enfocaremos en este modelo del reportero mientras investigamos maneras de contar o "narrar" un suceso.

Modelos de lectura:
- el resumen crítico
- distinguir la descripción de la acción

Modelos de escritura:
- encontrar las ideas principales
- el resumen

Manual de gramática:
- el tiempo pasado
- "se" impersonal
- otros usos de "se"

Manual de redacción:
- consistencia en los tiempos verbales
- ordenar el tema, la tesis y el apoyo

PASO 1 LEER POR MODELOS

A continuación presentamos dos modelos de narrativa. El primero es "El corrido de Gregorio Cortez", de escritor anónimo. El segundo es "Los habitantes de la ciudad," del escritor colombiano Gabriel García Márquez. Cada obra ofrece una manera distinta de exponer la narrativa.

Modelo 1: Anónimo, "El corrido de Gregorio Cortez"

Comunidad de lectores. Cuarto miembro: El intérprete.

Este nuevo miembro de nuestra comunidad de lectores se dedica a pensar en las varias interpretaciones y temas de la lectura. La tarea es presentar una lista de los posibles temas y pensar en las conexiones entre éstos y la vida diaria. Procura hallar pasajes y palabras en el texto que apoyan las ideas del tema. Debes comunicarte con los que resumen para distinguir entre el resumen y el tema. El papel del intérprete es ayudar a la comunidad a entender la lectura dentro del contexto del texto y del contexto universal. Unas posibles preguntas para la clase pueden ser:

a. ¿ha ocurrido algo en tu vida que se relacione con lo que ocurre o lo que ocurrió a los personajes?
b. ¿hay algo más en la lectura que te haga pensar en tu propia vida o en el mundo en general?—¿qué es?

INVESTIGADORES:

a. Busquen información sobre la verdadera historia de Gregorio Cortez. Hay un disco compacto, "Corridos y tragedias de la frontera", de Arhoolie Records que ofrece más información.
b. Exploren la situación de los Estados Unidos (el suroeste) y México en la época anterior a la Revolución Mexicana de 1910.

Antes de leer

El corrido tiene la función histórica de comunicar, a través de la canción, los hechos notables o notorios, indicando lugar y fecha de un acontecimiento; sin embargo, se incluyen en el género narrativo otros hechos puramente ficticios. En todo caso el corrido presenta un momento heroico en la vida de un personaje principal y, como resultado, se fija en los hechos más dramáticos, lo cual es típico de toda narrativa. El corrido que viene a continuación pertenece a los de los hechos históricos: el choque entre dos comunidades, la mexicana y la anglosajona en la frontera entre los Estados Unidos y México. La tradición del corrido sigue vigente hoy en día.

Por tener una forma de rima asonante (las vocales de los versos pares riman) y por tratarse de una canción popular, se repiten muchas palabras. Una característica del corrido es poner énfasis en las palabras claves, lo cual le da un estilo actual. Al leer el corrido, fíjate en dichas palabras y piensa en el efecto que pudiera tener en el lector o el oyente.

"El corrido de Gregorio Cortez"

En el condado del Carmen
miren lo que ha sucedido,
murió el **sherife** mayor
quedando Román herido.

Otro día por la mañana
cuando la gente llegó,
unos a los otros dicen,
no saben quién lo mató.

Se anduvieron informando
como tres horas después
supieron que el **malhechor**
era Gregorio Cortez.

Insortaron a Cortez
por todito el estado
vivo o muerto que se aprehenda
porque a varios ha matado.

Decía Gregorio Cortez
con su pistola en la mano,
—No siento haberlo matado
al que siento es mi hermano.—

Decía Gregorio Cortez
con su alma muy encendida
—No siento haberlo matado
la defensa es permitida.—

Venían los americanos
que por el viento volaban,
porque se iban a ganar
tres mil pesos que les daban.

Siguió **con rumbo** a Gonzales,
varios sherifes lo vieron,
no lo quisieron seguir
porque le tuvieron miedo.

Venían los perros **jaúnes**
venían sobre la **huella**
pero alcanzar a Cortez
era alcanzar a una estrella.

Decía Gregorio Cortez
—Pa' que se valen de planes,
si no pueden **agarrarme**
ni con esos perros jaúnes.—

Decían los americanos
—Si lo vemos que le haremos
se le entramos por derecho
muy poquitos volveremos.—

En el redondel del rancho
lo **alcanzaron a rodear,**
poquitos más de trescientos
y allí les **brincó el corral.**

Allá por el Encinal
a según por lo que dicen
se agarraron a balazos
y les mató otro sherife.

Decía Gregorio Cortez
con su pistola en la mano,
—No corran **rinches** cobardes
con un solo mexicano.—

Giró con rumbo a Laredo
sin ninguna timidez,
—¡Síganme rinches cobardes,
yo soy Gregorio Cortez!—

Gregorio le dice a Juan
en el rancho del Ciprés,
—**Platícame** que hay de nuevo,
yo soy Gregorio Cortez.—

Gregorio le dice a Juan,
—Muy pronto lo vas a ver,

anda háblale a los sherifes,
que me vengan a aprehender.—

Cuando llegan los sherifes
Gregorio se presentó,
—Por la buena si me llevan
porque de otro modo no.—

Ya agarraron a Cortez
ya terminó la cuestión,
la pobre de su familia
la lleva en el corazón.

Ya con esto **me despido**
con la sombra de un Ciprés,
aquí se acaba cantando
la tragedia de Cortez.

Después de leer

A. Interpretaciones

Interpretación individual:

1. La narrativa presentada en el corrido tiene el propósito de ofrecer una perspectiva de lo acontecido. El propósito de la narrativa no se limita a presentar la información de los hechos sino también las hazañas de un personaje principal, muchas veces desde una perspectiva favorable. Escribe un breve resumen de no más de diez frases desde el punto de vista de otra persona, por ejemplo el "sherife", Gregorio, o un periodista de la época. Los estudiantes pueden dividirse en grupos, con alguien en cada grupo que asuma una perspectiva diferente.

Interpretación en grupo:

1. En clase, comparte tu versión con otros estudiantes que hayan escrito desde tu misma perspectiva. Entre ustedes hagan una lista de palabras que cambie la perspectiva. ¿Qué cambios harían o qué palabras añadirían al resumen?
2. Entre todos, repasen las tres versiones. ¿Qué cambios encuentran entre las distintas versiones? ¿En qué se basan las diferencias: vocabulario, aspectos sintácticos, orden de acontecimientos?

B. Hablemos personalmente.

1. Discutamos el objetivismo: ¿Es posible presentar una perspectiva objetiva de modo que el lector no sienta favoritismo por uno de los personajes principales?

2. Y ¿el papel del periodista?—¿hasta qué punto necesita mantener el periodista cierta objetividad? En tu propia vida, ¿has cambiado alguna vez el tono o los hechos de una historia más allá de lo verdadero para alcanzar cierto propósito? Cuando alguien te cuenta un suceso, ¿cómo juzgas la veracidad de lo que te cuenta? ¿Siempre te dice la verdad o hay exageraciones? ¿Es posible evitar las exageraciones?
3. Consideremos la vida de la frontera: ¿Cómo comparamos la vida del suroeste hace un siglo con la de hoy en día? ¿Hay asuntos sociales, políticos, o culturales comparables a los que ocurrían en el antiguo oeste?

C. En mis palabras

El tiempo que se selecciona para narrar una historia tiene un efecto en la impresión que deja entre los lectores. El participante o testigo que narra los acontecimientos da una impresión de veracidad al hacer uso del tiempo presente. En cambio, el periodista relata la historia en el pasado, puesto que, por lo general, llega a conocer tal historia después de los hechos. En el corrido se combinan el presente y el pasado en parte porque contamos con las "palabras" mismas de Gregorio. Ahora, vas a escribir una narrativa de un hecho verdadero o recién ocurrido. Tiene que ser un acontecimiento narrado de una situación ya concluida. Puedes escoger entre estos tres temas: 1) el último cumpleaños y cómo lo celebraste, 2) un choque de coches que presenciaste, o 3) una pelea que tuviste con un compañero de cuarto o algún amigo. Ten en cuenta lo siguiente:

1. Selecciona un título apropiado que capte el espíritu de la narrativa.
2. Narra los acontecimientos desde una perspectiva particular. Incluso si narras algo de tu vida, puedes escoger una perspectiva que no sea la tuya.
3. Escoge entre el tiempo presente o el pasado.

Estrategias para leer: El resumen crítico

Para asegurarte de haber comprendido bien la lectura, puedes hacer esta prueba: ¿podrías ofrecerle a otra persona que no conozca la lectura un resumen oral? Muchas veces se entiende el resumen sólo como la comprensión de la idea general del texto, pero a este nivel de estudio se espera algo más. Resumir es saber relatar lo siguiente:

a. el argumento principal y los argumentos secundarios
b. la historia cronológica de los sucesos
c. las características de los personajes
d. el lugar y tiempo (y si hay cambios entre éstos) en que transcurre la acción
e. una o más interpretaciones del texto
f. tu propia crítica del texto en términos de contenido y estilo

Al leer cualquier texto, conviene tener en cuenta los elementos específicos de un resumen. No es suficiente leer para entender el argumento o las palabras; esto es importante pero sólo sirve como punto de partida para una lectura más profunda. Hay que leer de forma crítica, enfocándote tanto en el argumento como en los demás componentes. ¿Cómo lo haces? Al leer una obra, ya sea un párrafo o un par de párrafos, acostúmbrate a preguntarte: ¿Qué he entendido? ¿Qué les ocurre a los personajes? ¿Cómo han cambiado los personajes? ¿Cómo reacciono yo ante el texto?

Habituarte a pensar y leer críticamente es una de las destrezas más útiles para realizar una lectura profunda.

Práctica

1. Piensa en la última película que hayas visto. Reflexiona sobre las preguntas e ideas que siguen y redacta un resumen crítico.
   a. ¿Miraste la película sólo disfrutando del argumento o pensaste en ideas críticas mientras la veías? Muchas veces al ver un programa de televisión o una película, no podemos separar nuestro ojo crítico de nuestro deseo por entretenimiento. Al mismo tiempo que miramos la acción, hacemos evaluaciones sobre qué ocurre, por qué lo hizo así el director, si los actores actúan bien, si el argumento tiene sentido, si la trama es verosímil o no. Esta visión crítica es lo que debemos llevar a la lectura.
   b. Usando los apuntes, ofrece un resumen crítico de forma oral. Recuerda los puntos de arriba acerca del género, el trasfondo (tiempo y ambiente), el argumento, los personajes y el tema. También ofrece un comentario sobre el posible propósito del director y el nivel de éxito que alcanzó en términos de contenido y estilo.

Modelo 2: Gabriel García Márquez, "Los habitantes de la ciudad"

Comunidad de lectores

INVESTIGADORES:

a. Estudien la vida de Gabriel García Márquez y su importancia como escritor. Piensen en su discurso al recibir el Premio Nobel. (El discurso sirve bien para captar sus perspectivas sobre Latinoamérica.)

b. Investiguen algo sobre Colombia: la geografía, la historia, la economía y los asuntos corrientes políticos y sociales.

Antes de leer

Uno de los escritores más reconocidos del "boom" latinoamericano es Gabriel García Márquez (1927–). Empezó su carrera literaria como periodista. Muchos de sus textos periodísticos se hallan en la colección de *Textos costeños*. Pasó sus años juveniles en el puerto caribeño de Cartagena. Vivió con sus abuelos, de quienes escuchó las historias maravillosas. Ganador en el año 1982 del Premio Nobel de literatura, ha seguido escribiendo desde entonces, tanto obras de ficción como artículos periodísticos.

En "Los habitantes de la ciudad", los habitantes se encuentran un poco perplejos por haber perdido un sonido al que estaban acostumbrados. El texto presenta distintas perspectivas: la del presente, la del pasado, y la de un futuro incierto, todas con un toque particular. Además de estas perspectivas, fíjate en la fecha del texto, 1948, un período marcado por la incertidumbre después de la segunda guerra mundial.

¿Has oído historias o relatos de tu familia? ¿Ha escrito algún pariente tuyo alguna historia familiar? ¿Te gustaría escribir tal historia? ¿Qué tipo de información incluirías?

Por ejemplo: genealogía, la influencia de hombres y mujeres durante su vida profesiones lugares en donde vivieron.

Al leer el siguiente ensayo, piensa en los distintos períodos presentados.

"Los habitantes de la ciudad"

Los habitantes de la ciudad nos habíamos acostumbrado a la **garganta** metálica que anunciaba el **toque de queda.** El reloj de la Boca del Puente, empinado otra vez sobre la ciudad, con su limpia, con su blanqueada convalecencia, había perdido su categoría de cosa familiar, su irremplazable sitio de animal doméstico. En las últimas noches ya no iban nuestras miradas a preguntarle por el **regreso** enamorado de aquella voz que nos quedó soñando en el oído como un pájaro eterno; o por el rincón temporal donde cortamos el hilo tenso de la aventura, sino que tratábamos de impedir, de detener con un gesto último y desesperado aquella marcha lenta, angustiosa, que iba precipitando las horas contra una frontera conocida que era, a su vez, la orilla tremenda donde se doblaba nuestra libertad. Diariamente, a las doce, oíamos allá afuera la clarinada cortante que se adelantaba al nuevo día como otro gallo grande, equivocado y absurdo, que había perdido la noción de su tiempo. Caía entonces sobre la ciudad **amurallada** un silencio grande, **pesado,** inexpresivo. Un largo silencio duro, concreto, que se iba metiendo en cada vértebra, en cada hueso del organismo humano, consumiendo sus células vitales, socavando su levantada anatomía. Hubiera sido aquel buen silencio elemental de las cosas menores, descomplicado; ese silencio natural y espontáneo, **cargado** de secretos que se pasea por los balcones anónimos. Pero éste era diferente. Parecido en algo a ese silencio hondo, imperturbable, que antecede a las grandes catástrofes. Hundidos en el suelo oíamos el ruido rebelde, impotente, de nuestra respiración, como si allá afuera en la bahía, estuviera aún Francis Drake, con sus naves de abordaje.

La **madrugada**—en su sentido poético—es una hora casi legendaria para nuestra generación. Habíamos oído hablar a nuestras abuelas que nos decían no sé qué cosas fantásticas de aquel olvidado pedazo del tiempo. Seis horas construídas con una arquitectura distinta, talladas en la misma sustancia de los cuentos. Se nos hablaba del caliente vaho de los geranios, encendidos bajo un balcón por donde **se trepaba** el amor hasta el sueño de los muchachos. Nos dijeron que antes, cuando la madrugada era verdad, se escuchaba en el patio el rumor que dejaba el azúcar cuando subía a las naranjas. Y el grillo exacto, invariable, que desafinaba sus violines para que cupiera en su aire la rosa musical de la serenata.

Nada de esto encontramos en el desolado **patrimonio** de nuestros mayores. Nuestro tiempo lo recibimos desprovisto de esos elementos que hacían la vida una jornada poética. Se nos entregó un mundo mecánico, artificial, en el que la técnica inaugura una nueva política de la vida. El toque de queda es—en este orden de cosas—el símbolo de una decadencia. Hay una gran distancia histórica entre esta clarinada prohibida y la voz amable del **sereno colonial.** Este de ahora es hermano del que oyeron los ingleses después del primer bombardeo a Londres. Igual al de Varsovia. El mismo que levantó su trinchera de terror ante los ojos asombrados de los niños alemanes que cambiaron sus trompos por **ametralladoras.** Con igual angustia la oyeron todos los oídos de Europa; con esta misma sensación desconcertante de que algo se está derrumbando a nuestras espaldas. Con este mundo materializado donde los peces de colores tienen que abrirle agua a los submarinos, con esta civilización de pólvora y clarines, ¿cómo se nos puede pedir que seamos hombres de buena voluntad?

Desde ayer, afortunadamente, no oímos el toque de queda. Ha sido suspendido precisamente cuando se había incorporado a las costumbres de la ciudad. Muchos sentían nostalgia por esta destemplada y obligante serenata. Otros volverán—¿volveremos?—a las visitas, recuperaremos nuestra agradable disciplina para esperar la madrugada olorosa a bosque, a tierra humedecida, que vendrá como una nueva Bella-Durmiente deportiva y moderna. O tal vez, seguros de que ya nada nos impedirá trasnochar, nos iremos a dormir mansamente—extraños animales contradictorios—antes de que los relojes doblen la esquina de la medianoche. [1948]

Después de leer

A. Interpretaciones

Interpretación individual:

1. En casa escribe un resumen de este fragmento, pero esta vez dándole un enfoque sobre el posible propósito del autor. Es posible escoger una de las oraciones del texto o crear una oración propia que muestre la perspectiva de García Márquez.
2. Haz una lista de cuatro o cinco palabras que den un tono particular a la lectura.

Interpretación en grupo:

1. Con 2 o 3 estudiantes, comparte tu resumen, teniendo en cuenta las distintas perspectivas posibles. ¿Cuál es la interpretación de los otros compañeros? ¿Son compatibles los distintos enfoques?
2. Utilizando la lista de palabras que elaboraste, traten entre los tres de encontrar oraciones en la lectura que justifiquen tales interpretaciones. ¿Cómo explican estas diferencias? ¿Qué tipo de palabras usaron: adjetivos, sustantivos, adverbios, verbos? Si eliminaran estas palabras, ¿cómo cambiaría el tono o el enfoque?

B. Hablemos personalmente

1. Los lugares donde vivimos pasan por distintas etapas. Piensa en el lugar o los lugares en que has vivido. ¿Qué cambios has visto? Piensa en los cambios y efectúa una lista de cómo era, cómo es, cómo será este lugar.
2. ¿Existe algún rincón, alguna calle, o alguna zona por la que te guste pasear para divertirte o descansar? Haz una lista de los aspectos notables de dicho lugar y preséntala al grupo o a la clase. Trata de ser breve.
3. Al pensar en una ciudad, ¿qué lugares sirven para definir a los habitantes: la iglesia, un club deportivo, un parque principal, un mercado, la calle principal o una gran tienda? En tu ciudad, ¿qué lugares tienen importancia? Por ejemplo, hay ciudades en las que se prohibe el tránsito de coches en la calle principal algún día a la semana, el domingo por ejemplo, y todos los habitantes se encuentran allí para cenar, pasear, e ir de compras. ¿Qué ocurriría si el lugar no existiera o se cambiara? De no existir tal calle en tu ciudad, ¿qué ocurriría si se creara una?

C. En mis palabras

Recoge las ideas presentadas sobre el lugar que mencionaste en "Hablamos personalmente" y escribe una perspectiva del mismo. El lugar tiene que ser público, que permita la entrada a cualquier persona; tienes que fijarte en el sitio y describir las características. El lugar es el enfoque, pero las personas que pasan por ahí también influyen en la manera en que percibimos lo que sucede allí. El trabajo debe tener, entonces, una mezcla de descripción y de narrativa. Limítate a 3–5 párrafos, asegurándote de darle un marco y una perspectiva al trabajo.

PASO 2 ESCRIBIR POR MODELOS

Escribir la narrativa: Función y forma

En los capítulos anteriores hemos practicado el arte de describir, o sea, retratar en palabras a la persona o el lugar. Ahora entramos en otro terreno: la narrativa. Narrar es contar una historia, es enumerar las acciones y los hechos ocurridos dentro de un espacio de tiempo y un ambiente particular. Narrar abarca la idea de movimiento: se caracteriza por la acción. Por lo tanto, tenemos que prestar atención a los personajes. Mientras que la descripción nos presenta cómo es un personaje, la narrativa nos informa qué le pasa a lo largo del tiempo. Por consiguiente, la función de narrar es relatar, informar, o resumir.

En este capítulo y en el próximo exploraremos maneras de escribir la narrativa que van de los elementos básicos hasta las opciones estilísticas que tenemos como autores. Primero los elementos básicos: función y forma.

La función de una narración es relatar la acción. En primer plano, la forma de la narrativa comprende por lo general tres partes: 1) exponer la situación; 2) desarrollar la acción; y 3) concluir la situación.

1. *Exponer la situación*—Primero abrimos la historia: describimos el ambiente y el tiempo, presentamos a los personajes e introducimos la trama. La trama puede ser un conflicto que habrá de resolverse (o no).
2. *Desarrollar la acción*—Entramos a fondo a relatar la historia. ¿Qué les sucede a los personajes principales? ¿Cómo se va desarrollando la trama? Normalmente, se desarrolla en orden cronológico—empezamos al principio y llegamos hasta el final. Sin embargo, tenemos la opción de empezar en el medio o al final y mover la acción hacia adelante o hacia atrás. Recuerda la idea de "flashback" o narrativa retrospectiva.

Con estas opciones, es importante tener presente el uso de los verbos dentro del tiempo. Optamos por el presente, el pasado o el futuro. Tomamos la decisión de mantener un tiempo o alterarlo, pero el lector espera cierta consistencia en el tiempo utilizado.

3. *Concluir la situación*—Ya es hora de finalizar. No es necesario resolverlo todo o llegar a una conclusión feliz, pero tenemos que detener la acción en cierto punto. ¿Cómo concluye el conflicto? ¿Dónde terminan los personajes? ¿Han cambiado? ¿Estamos en el mismo tiempo y ambiente, o no?

Estas tres partes sirven como los pilares de toda narrativa. Forman la estructura y el fundamento de la narración. En el próximo capítulo observaremos varias maneras estilísticas de cambiar estas partes para alcanzar otras metas.

Estrategias para escribir: Construir la estructura con el tema, la tesis y el apoyo

¡Manual! En el Manual hay una explicación del uso y de las formas del tiempo pasado, del "se" impersonal y de otros usos de "se".

Teniendo en cuenta las tres partes básicas de una narrativa, la estrategia esencial de narrar es construir una estructura fuerte. ¿Cómo? Esto se logra enfocándose en las ideas principales y estableciendo un plan para desarrollarlas y concluirlas. Empezamos con la tesis y el apoyo.

El tema y la tesis. El tema representa la idea general de una obra y la tesis es la perspectiva por la cual el autor indica el enfoque del ensayo. Cualquier composición radica en la tesis expuesta. Clarifiquemos bien la diferencia entre la tesis y el tema: mientras que el tema se refiere al contenido general de un ensayo, la tesis se ciñe específicamente al propósito del ensayo. El tema refleja el asunto y la tesis nos expone lo que el escritor dice sobre el asunto. Veamos unos ejemplos:

El tema: la relación entre los padres y los hijos

La tesis: los padres deben permitirles a los hijos mayor independencia

El tema: la vida en el siglo XXI

La tesis: los aparatos modernos nos ayudan a vivir de una manera más relajada

Una tesis es el argumento principal del ensayo, el mensaje que queremos transmitir. Para desarrollar una tesis, seguimos los siguientes pasos:

Paso 1: Nombramos claramente el tema. En los ejercicios sobre el proceso de leer críticamente, hemos visto maneras de destacar los elementos de una lectura. Por ejemplo, el resumen señala el tema y el argumento. También hemos visto varias maneras de generar ideas antes de escribir y de enfocarnos en una idea central con elementos de apoyo. Para generar una tesis, hay que distinguir entre lo general y lo específico, entre el tema y la tesis, entre el enfoque y el apoyo.

Paso 2: Hacemos una lista de las ideas que se correspondan con el tema. De esta lista, decidimos cuál es un punto principal, una idea o un argumento, que represente todas las demás ideas. La tesis no puede ser ni el tema, ni el resumen, ni una de las ideas de apoyo. Es la oración que sirve como eje central de todo lo demás. Una manera de asegurarte de que cuentas con una tesis clara es tener presente que la tesis consiste en una oración completa mientras que el tema puede ser sólo un par de palabras.

Al desarrollar el ensayo, cada párrafo contiene una oración central, o la oración temática, que articula la tesis.

Paso 3: Constatamos que la tesis sea apropiada. Lo podemos ver de esta manera: el tema provoca una pregunta sobre un asunto y la tesis es una respuesta posible a la pregunta. Veamos los modelos nuevamente:

El tema: la relación entre padres e hijos pregunta: ¿Cómo es y cómo debiera ser la relación entre padres e hijos?

La tesis (respuesta): Los padres deben permitirles a los hijos mayor independencia

El tema: la vida en el siglo XXI pregunta: ¿Cómo es la vida en el siglo XXI?

La tesis (respuesta): La vida es más relajada porque los aparatos modernos nos permiten pasar menos tiempo haciendo los quehaceres.

El apoyo. Para ser reportero de primera clase, hay que seguir una regla de oro: tener muy claros los hechos del incidente. En la narrativa, el apoyo consiste en las ideas, o sea los hechos, que sirven para sostener la tesis. Las piezas de apoyo reflejan la acción en una narración, puesto que vamos exponiendo cada pieza de apoyo para crear el argumento.

Recuerda que cada párrafo sirve para dirigir el argumento hacia la conclusión; así corresponde de manera explícita con la tesis. Aunque el apoyo se origina a partir de nuestra lista generada de ideas, no puede ser presentado como una lista sin ningún hilo conector. No se trata de un simple resumen de las ideas ni una colección de posibilidades. Más bien, cada párrafo debe representar un elemento del argumento central. Nuestro papel es seleccionar y unir las piezas de la manera que mejor fortalezca la tesis.

También es importante el uso de la discreción con el apoyo; incorporar cada elemento de apoyo es prácticamente imposible. Tenemos que organizar las ideas de forma jerárquica y eliminar los hechos superfluos. Lo hacemos por examinar las ideas concientes de la tesis que hemos efectuado. Si no podemos defender por qué o cómo cierta idea se relaciona con la tesis, la suprimimos.

Práctica

1. Determina si cada ejemplo se trata de un tema o una tesis. Si es tema, ofrece una tesis. Si es tesis, ofrece un tema. Puedes inventar otra tesis también:
   a. la relación entre amigos
   b. el siglo XXI

c. la vida universitaria
d. La conservación del uso de energía en el mundo es necesario para proteger el medioambiente
e. El cine
f. La edad legal para consumir alcohol se debe cambiar a los 18 años
g. El teléfono celular es la mejor invención del siglo XX puesto que nos facilita la comunicación
h. El béisbol no es tan emocionante como el fútbol porque no lleva tanta acción
i. Los gastos estudiantiles
j. Los perros y los gatos

2. Vuelve a leer "El corrido de Gregorio Cortez" o "Los habitantes de la ciudad" e identifica el tema, la tesis y los puntos del apoyo.
3. En base a las combinaciones tema/tesis que aparecen a continuación, haz una lista de apoyo.
   a. el cine/hay demasiada violencia en las películas de hoy.
   b. la tecnología/la vida de hoy en día depende de los aparatos tecnológicos.
   c. las estrategias para conseguir un buen trabajo/los solicitantes deben vestirse bien para conseguir un buen trabajo.

PASO 3 REDACTAR POR MODELOS

Estrategias del proceso: El rompecabezas personal y el orden de las piezas

Ya tienes conocimiento suficiente para empezar un ensayo: hemos explorado maneras de evitar el miedo ante una página en blanco con estrategias para generar las ideas. Ahora abordamos estrategias para escribir el ensayo. Normalmente el reportero toma apuntes al entrevistar a alguien o al investigar un incidente. ¿Qué hace el reportero o igualmente, nosotros, una vez que adquirimos los datos y cultivamos varias ideas sobre el tema por desarrollar?

Tomando en cuenta lo que hemos estudiado acerca de los componentes de la escritura, repasemos algunas preguntas para que apliques tu propia fórmula al escribir y los pasos más eficaces del proceso de escritura.

1. Cuando empiezas a escribir, ¿de qué manera estructuras tus ideas? ¿Haces una lista o un borrador? ¿Usas el colador o la estrella que hemos explorado? ¿Tienes otra técnica o una fórmula personal que prefieres? ¿Qué factores condicionan tu fórmula—el tiempo que tienes para escribir o el tipo de tarea? Ya debes tener una idea clara de las estrategias para iniciar un ensayo. Se trata de un rompecabezas personal: no es obligatorio seguir un proceso fijo, pero sí conviene saber las fórmulas que más te convengan e intentar utilizarlas. Toma un momento para considerar el proceso personal que más prefieras. ¿Se lo podrías describir a la clase?

2. Una vez que hayas empezado el proceso, el próximo paso es establecer la tesis y seleccionar el apoyo. ¿Cómo desarrollas la tesis? Pon en práctica lo que hemos estudiado: considera que la tesis es la respuesta a una pregunta sobre el tema, el punto central que deseas exponer. ¿Puedes diferenciar entre el tema y la tesis? ¡Ojo! Hay personas que no empiezan a escribir hasta haber identificado la tesis, pasándose a veces horas pensando en una posible tesis. Hay otros que escriben un borrador y destacan la tesis después de escribir de forma general sobre el tema. En fin, es un rompecabezas personal: no es necesario seguir un proceso particular, pero sí es importante cumplir con el paso. Como prueba: ¿puedes leer un borrador y subrayar fácilmente la tesis?

3. Una vez expuesta la tesis, lo que queda es seleccionar y ordenar las ideas de apoyo. ¿Cómo seleccionas las ideas del apoyo? Recuerda que normalmente no conviene incluirlo todo. Al repasar cada sección de apoyo, pregúntate si cada oración apoya bien la tesis o necesita editarse.

4. Piensa ahora en el orden que vas a seguir—¿Será orden cronológicó? ¿Será orden inverso? ¿Expondrás las ideas de mayor importancia primero y luego las menos importantes, o al revés?

Igual que el reportero, cuyo trabajo consiste en conocer los hechos, ordenarlos y exponerlos de forma lógica pero con toque personal, necesitamos pensar en nuestro propio proceso de generar y escribir ideas. El escribir es un rompecabezas muy personal y nos sirve para entender tanto nuestro estilo como las estrategias para leer, escribir y redactar expuestas en el texto, para poder conectarlas y salir adelante como escritores avanzados.

Claves de la composición: Ser consistente en el uso de los tiempos

Las lecturas de este capítulo revelan la importancia del uso consciente de los tiempos verbales. Los tiempos cumplen un papel gramatical y otro estilístico. A primera vista, quizás pensemos que el tiempo verbal sólo sirve para indicar cuándo ocurre un suceso—o sea, dar un mapa objetivo de la acción. Pero ya sabemos que el escoger cierto tiempo también influye en el tono y la interpretación del texto. El tiempo presente ubica al lector más cerca a la acción, creando cierta proximidad entre personajes, acción y lector. El tiempo pasado, en cambio, establece distancia; ya han ocurrido los sucesos y el lector recibe las noticias de lo que sucedió.

Como escritores, tenemos el poder de decidir qué tiempo usar para presentar los detalles según nuestras metas. Debemos ser conscientes del tiempo que elegimos:

a. La primera obligación es mantener cierta consistencia con los tiempos.

b. Segundo, una vez decidido el tiempo principal, decide si deseas mantener todo el desarrollo en dicho tiempo o no. Como hizo el autor en "El Corrido de Gregorio Cortez", la utilización del presente puede añadirle otro matiz a la interpretación.
c. Finalmente, al revisar los borradores, repasa el uso de tiempos para asegurarte de que el uso final sea exactamente el que deseas como autor.

Los narradores cuentan con un sinfin de posibilidades a la hora de presentar la acción. Se piensa que los reporteros normalmente optan por una presentación objetiva, describiendo los hechos en forma pasada. ¿Es verdad o no?

Estrategias para editar: Mantener el hilo del tema

¡Manual! El Manual contiene un modelo estudiantil que sirve para nuestra práctica en redactar una narrativa. Verificamos si el estudiante logró identificar el tema, la tesis y los puntos de apoyo, y seguir un hilo coherente.

PASO 4 CREAR NUESTROS MODELOS

Con la gorra de reportero puesta (¡encima de las del fotógrafo y del escultor!), el bloc de papel en la mano y las narices investigadoras abiertas, vamos a crear una narrativa de tipo reportaje. Recuerda los elementos fundamentales del modelo narrativo: incluir las tres partes, establecer y apoyar las ideas principales, ofrecer un resumen global, y ser consistente y fiel en la selección de los tiempos verbales.

1. Piensa en un suceso reciente ya sea personal o de la actualidad y escribe una narrativa basada en eso. Decide cuál es el trasfondo descriptivo con el que empezarás el relato. ¿De quién se va a tratar y qué le ocurre? Intenta mantener un balance entre la descripción y el desarrollo del cuento.
2. Escribe el próximo "capítulo" de la vida de Gregorio Cortez.
3. Usando la descripción que ofreciste de un lugar particular de tu ciudad, crea una narrativa de algún incidente que haya ocurrido allí. Puede ser ficticio o verdadero.

Lista de verificación para entregar con el ensayo.

¡OJO! Antes de entregar:

1. ____He hecho una escritura libre y varios borradores.
2. ____He creado un título y una primera oración apropiados.
3. ____He generado una tesis clara del tema y puntos apropiados de apoyo.

4. ____ He editado mi ensayo pensando en la selectividad (la precisión y la concisión) y la incorporación de lenguaje descriptivo.
5. ____ He prestado atención a la diferencia entre la descripción y la narrativa.
6. ____ He incluido las tres partes de una narrativa y sigo bien el hilo del tema.
7. ____ He prestado atención a una consistencia de tiempo verbal.
8. ____ Pensando en la clave editorial, he prestado atención a los aspectos de la organización, del estilo y de la gramática.

Glosario

El corrido de Gregorio Cortéz

agarrarse: capturar
alcanzar a rodear: llegar a rodear
brincar el corral: poder salir sin ser visto
con rumbo: en dirección de
despedirse: irse, decir adiós
huella: marca que deja el pie en la tierra
insortar: (dialectalismo) buscar
jaúnes: (anglicismo) hounds
malhechor: persona que hace cosas malas
platicar: charlar
rinche: (anglicismo) ranger
sherife: (anglicismo) sheriff

Márquez, "Los habitantes de la ciudad"

ametralladoras: un tipo de rifle automático
amurallada: rodeada de murallas
cargado: lleno
garganta: parte del cuello
madrugada: la parte temprano del día, cuando sale el sol
patrimonio: herencia, tradición
pesado: intenso, profundo
regreso (regresar): vuelta
sereno colonial: guardia de seguridad
toque de queda: hora establecida cuando todos tienen que estar en casa
treparse: subir

Capítulo 5

Escritor pintor

Modelos: Escritor pintor

Saber narrar bien es mucho más que contar los hechos de un acontecimiento. En el capítulo anterior, pasamos por la primera etapa: incorporar los componentes básicos de una narrativa y ofrecer un resumen global de un suceso, exponiendo una tesis bien sustentada. Ahora daremos un paso más en la narrativa: manipular los elementos, añadir cierta perspectiva particular, y dejar en el lector la impresión deseada.

Para alcanzar este nivel de narración, consideremos el modelo de los pintores. ¿Cómo se diferencian los pintores de los reporteros? Los reporteros investigan y relatan los hechos. ¿Qué hacen los pintores, en cambio? ¿Tienen los pintores las mismas restricciones que los reporteros? ¿Necesitan mantener la misma objetividad o no?

Modelos de lectura:
- analizar el argumento
- la comunidad de lectores

Modelos de escritura:
- la estructura de una narrativa
- la narrativa dentro de un marco

Manual de gramática:
- los pronombres

Manual de redacción:
- análisis de los párrafos
- las transiciones

PASO 1 LEER POR MODELOS

Modelo 1: Emilia Pardo Bazán, "El encaje roto"

Comunidad de lectores. Quinto miembro: El moderador.

Nuestro último miembro cumple el papel de orientar y facilitar la discusión. La tarea es preparar varias preguntas de discusión para la comunidad. Pueden ser preguntas de lenguaje, contexto, temas, e ideas, o asuntos de la actualidad. La meta es entablar una conversación en la que toda la clase participe sobre contenido, estilo y lenguaje de la lectura.

INVESTIGADORES:

a. Busquen información sobre Pardo Bazán y su época. ¿Cómo se compara su vida con la de otras mujeres de su época, según su clase social? ¿Cómo se recibía su obra en la sociedad española de la época? ¿Por qué adquiere fama?

b. Busquen información sobre la situación de las mujeres a finales del siglo XIX. ¿Cómo era la vida? ¿Qué opciones tenían, especialmente en países latinoamericanos?

Antes de leer

Emilia Pardo Bazán (1851–1921) es más conocida por sus novelas y cuentos realistas, uno de los cuales es "El encaje roto". El tema de la mujer figura en sus obras, convirtiendo a la autora en una especia de "prócer" del movimiento feminista. Sus cuentos no presentan una perspectiva del sueño dorado de la mujer, sino situaciones que nos parecen muy de nuestra época por los temas que aborda en cuanto a las relaciones entre el hombre y la mujer.

En este cuento hay dos narrativas, la de la narradora y la de la novia. Es necesario tener ambos presentes para así poder entender el hecho sorprendente que ocurre en la iglesia.

Al leer, reflexiona sobre los posibles significados del título. Recuerda la estrategia del Capítulo 1 sobre la importancia del título; ¿por qué habrá seleccionado la autora este título?

"El encaje roto"

Convidada a la boda de Micaelita Aránguiz con Bernardo de Meneses, y no habiendo podido asistir, grande fue mi sorpresa cuando supe al día siguiente—la ceremonia debía verificarse a las diez de la noche en casa de la novia—que ésta, al pie mismo del altar, al preguntarle el Obispo de San Juan de Acre si recibía a Bernardo por esposo, **soltó** un "no" claro y enérgico; y como reiterada con extrañeza la pregunta, se repitiese la negativa, el novio, después de arrostrar un cuarto de hora la situación más ridícula del mundo, tuvo que retirarse, deshaciéndose la reunión y el enlace a la vez.

No son inauditos casos tales, y solemos leerlos en los periódicos; pero ocurren entre gente de clase humilde, de muy modesto estado, en esferas donde las conveniencias sociales no embarazan la manifestación franca y espontánea del sentimiento y de la voluntad.

Lo peculiar de la escena provocada por Micaelita era el medio ambiente en que se desarrolló. Parecíame ver el cuadro, y no podía consolarme de no haberlo contemplado por mis propios ojos. Figurábame el salón **atestado,** la escogida concurrencia, las señoras vestidas de seda y terciopelo, con collares de pedrería; al brazo la mantilla blanca para tocársela en el momento de la ceremonia; los hombres, con resplandecientes placas o luciendo veneras de Ordenes militares en el delantero del frac; la madre de la novia, ricamente **prendida, atareada,** solícita, de grupo en grupo, recibiendo felicitaciones; las hermanitas, conmovidas, muy monas, de rosa la mayor, de azul la menor, ostentando los brazaletes de turquesas, regalo del cuñado futuro; el Obispo que ha de bendecir la boda, alternando grave y afablemente, sonriendo, dignándose soltar chanzas urbanas o discretos elogios, mientras allá, en el fondo, se adivina el misterio del oratorio revestido de flores, una inundación de rosas blancas, desde el suelo hasta la cupulilla, donde convergen radios de rosas y de lilas como la nieve, sobre rama verde, artísticamente dispuesta, y en el altar, la efigie de la Virgen protectora de la aristocrática mansión, semioculta por una cortina de azahar, el contenido de un departamento lleno de azahar que envió de Valencia el riquísimo propietario Aránguiz, tío y padrino de la novia, que no vino en persona por viejo y achacoso—detalles que corren de boca en boca, calculándose la magnífica herencia que **corresponderá** a Micaelita, una esperanza más de ventura para el matrimonio, el cual irá a Valencia a pasar su luna de miel—. En un grupo de hombres me representaba al novio algo nervioso, ligeramente pálido, mordiéndose el bigote sin querer, inclinando la cabeza para contestar a las delicadas bromas y a las frases halagüeñas que le dirigen. . . .

Y, por último, veía aparecer en el marco de la puerta que da a las habitaciones interiores una especial de aparición, la novia, cuyas **facciones** apenas se divisan bajo la nubecilla del tul, y que pasa haciendo crujir la seda de su traje, mientras en su pelo brilla, como sembrado de rocío, la roca antigua del **aderezo nupcial**. . . Y ya la ceremonia se organiza, la pareja avanza conducida con los padrinos, la cándida figura se arrodilla al lado de la esbelta y airosa del novio. . . Apíñase en primer término la familia, buscando buen sitio para ver amigos y curiosos, y entre el silencio y la respetuousa atención de los circunstantes. . . , el Obispo formula una interrogación, a la cual responde un "no" seco como un disparo, rotundo como una bala. Y—siempre con la imaginación—notaba el movimiento del novio, que se revuelve herido; el ímpetu de la madre, que se lanza para proteger y amparar a su hija; la insistencia del Obispo, forma de su asombro; el estremecimiento del concurso; el ansia de la pregunta transmitida en un segundo: "¿Qué pasa? ¿Qué hay? ¿La novia se ha puesto mala? ¿Qué dice "no"? Imposible. . . Pero ¿es seguro? ¡Qué episodio!. . . "

Todo esto, dentro de la vida social, constituye un terrible drama. Y en el caso de Micaelita, al par que drama, fue logogrifo. Nunca llegó a saberse de cierto la causa de la súbita negativa.

Micaelita se limitaba a decir que había cambiado de opinión y que era bien libre y dueña de volverse atrás, aunque fuese al pie del ara, mientras el "sí" no hubiese partido de sus labios. Los íntimos de la casa se devanaban **los sesos,** emitiendo suposiciones inverosímiles. Lo indudable era que todos vieron, hasta el momento fatal, a los novios satisfechos y amarteladísimos; y las amiguitas que entraron a admirar a la novia engalanada, minutos antes del escándalo, referían que estaba loca de contento y tan ilusionada y satisfecha, que no se cambiaría por nadie. Datos eran éstos para oscurecer más el extraño enigma que por largo tiempo dio pábulo a la murmuración, irritada con el misterio y dispuesta a explicarlo desfavorablemente.

A los tres años—cuando ya casi nadie iba acordándose del **sucedido** de las bodas de Micaelita—, me la encontré en un balneario de moda donde su madre tomaba las aguas. No hay cosa que facilite las relaciones como la vida de balneario, y la señorita de Aránguiz se hizo tan íntima mía, que una tarde, paseando hacia la iglesia, me reveló su secreto, afirmando que me permite divulgarlo, en la seguridad de que explicación tan sencilla no será creída por nadie.

—Fue la cosa más tonta. . . De puro tonta no quise decirla; la gente siempre atribuye los sucesos a causas profundas y transcendentales, sin reparar en que a veces nuestro destino lo fijan las niñerías, las "pequeñeces" más pequeñas. . . Pero son pequeñeces que significan algo, y para ciertas personas significan demasiado. Verá usted lo que pasó; y no concibo que no se enterase nadie, porque el caso ocurrió allí mismo, delante de todos; sólo que no se fijaron porque fue, realmente, un decir Jesús.

Ya sabe usted que mi boda con Bernardo de Meneses parecía reunir todas las condiciones y garantías de **felicidad.** Además, confieso que mi novio me gustaba mucho, más que ningún hombre de los que conocía y conozco; creo que estaba enamorada de él. Lo único que sentía era no poder estudiar su carácter; algunas personas le juzgaban violento; pero yo le veía siempre cortés, deferente, blando como un guante, y recelaba que adoptase apariencias destinadas a engañarme y a encubrir una fiera y avinagrada condición. Maldecía yo mil veces la sujeción de la mujer soltera, para la cual es imposible seguir los pasos a su novio, **ahondar** en la realidad y obtener informes leales, sinceros hasta la crudeza—los únicos que me tranquilizarían—. Intenté someter a varias pruebas a Bernardo, y salió bien de ellas; su conducta fue tan correcta, que llegué a creer que podía fiarle sin temor alguno mi porvenir y mi dicha.

Llegó el día de la boda. A pesar de la natural emoción, al vestirme el traje blanco reparé una vez más en el soberbio **volante de encaje** que lo adornaba, y era regalo de mi novio. Había pertenecido a su familia aquel viejo Alençón auténtico, de una tercia de ancho—una maravilla—, de un dibujo exquisito, perfectamente conservado, digno del escaparate de un museo. Bernardo me lo había regalado encareciendo su valor, lo cual llegó a impacientarme, pues por mucho que **el encaje** valiese, mi futuro debía suponer que era poco para mí.

En aquel momento solemne, al verlo realzado por el denso raso del vestido, me pareció que la delicadísima labor significaba una promesa de ventura y que su tejido, tan frágil y a la vez tan resistente, prendía en sutiles mallas dos corazones. Este sueño me fascinaba cuando eché a andar hacia el salón, en cuya puerta me esperaba mi novio. Al precipitarme para saludarle llena de alegría por última vez, antes de pertenecerle en alma y cuerpo, el encaje se enganchó en un hierro de la puerta, con tan mala suerte, que al quererme soltar oí el ruido peculiar del **desgarrón,** y pude ver que un jirón del magnífico adorno colgaba sobre la falda. Sólo que también vi otra cosa: la cara de Bernardo, contraída y desfigurada por el enojo más vivo; sus pupilas chispeantes, su boca entreabierta ya para proferir la reconvención y la injuria. . . No llegó a tanto, porque se encontró rodeado de gente; pero en aquel instante fugaz se alzó un telón y detrás apareció desnuda un alma.

Debí de inmutarme; por fortuna, el tul de mi velo me cubría el rostro. En mi interior algo crujía y se despedazaba, y **el júbilo** con que atravesé el umbral del salón se cambió en horror profundo. Bernardo se me aparecía siempre con aquella expresión de ira, dureza y menosprecio que acababa de sorprender en su rostro; esta convicción se apoderó de mí, y con ella vino otra: la de que no podía, la de que no quería entregarme a tal hombre, ni entonces, ni jamás. . . Y, sin embargo, fui acercándome al altar, me arrodillé, escuché las exhortaciones del Obispo. . . Pero cuando me preguntaron, la verdad me saltó a los labios, impetuosa, terrible. . . Aquel "no" brotaba sin proponérmelo; me lo decía a mí propia. . . ¡para que lo oyesen todos!

—¿Y por qué no declaró usted el verdadero motivo, cuando tantos comentarios se hicieron?

—Lo repito: por su misma sencillez. . . No se hubiesen convencido jamás. Lo natural y vulgar es lo que no se admite. Preferí dejar creer que había razones de ésas que llaman serias. . .

Después de leer

A. Interpretaciones

Interpretación individual:

1. En unas cuantas frases breves comenta los posibles significados del título.
2. Comenta la importancia de la decisión que tomó Micaelita en la iglesia. ¿Qué impacto crees que haya tenido en su vida y en la de su familia?
3. Si fuera el novio el que escribe la narrativa, ¿cuáles serían los puntos de diferencia entre el novio y la novia? Escribe una frase de enfoque con puntos de apoyo desde la perspectiva del novio.
4. Escribe un resumen del cuento, teniendo en cuenta las dos narrativas, pero esta vez desde la perspectiva del novio. Trata de usar la menor cantidad de frases posibles.

Interpretación en grupo:

1. Compara las ideas presentadas en los comentarios de los demás estudiantes. ¿Existe algún enfoque en común? Trata de defender tu perspectiva.
2. Micaela toma la decisión al ver la reacción del novio. ¿Se justifica tal decisión de último momento? ¿Por qué sí o por qué no?

B. Hablemos personalmente

1. ¿Cómo llega uno a tener una idea clara del carácter de otra persona? ¿Qué características buscas en un amigo o una amiga? ¿Son distintas las características según el género de la persona? ¿Cuánto cuentan las pequeñas cortesías de la persona? ¿Qué tipo de acciones estás dispuesta a disculparle a un amigo o a una amiga?
2. Hay un dicho que dice: "El amor es ciego". ¿Estás de acuerdo? En el cuento, Micaela busca pruebas del carácter del novio. ¿Quiere decir que no estaba enamorada de él? ¿Cómo justificas tu opinión?
3. ¿Te ha sucedido algo importante por lo que hayas tenido que cambiar de opinión en el último momento? Narra a la clase lo que ocurrió.

C. En mis palabras

1. En el siguiente ejercicio vas a escoger una perspectiva tuya y la vas a apoyar a lo largo del trabajo. Pasamos del tema a la tesis. Un posible tema es lo ciego del amor

y por qué tomamos decisiones por amor o por iniciativa propia. En la tesis, adopta una posición sobre el tema. Formúlate la pregunta, "¿Por qué lo veo así?" e intenta una respuesta.
2. Escribe un párrafo introductorio, con la tesis antes mencionada, e incluye, de una manera organizada, los puntos posibles.
3. Intercambia este párrafo con otro compañero de clase y comenta el posible éxito de dicho párrafo como si fuera el principio de un ensayo largo.

Estrategias para leer: Nuestra comunidad de lectores

Hasta ahora hemos estudiado varias maneras de analizar individualmente una lectura, destacando los elementos básicos, los géneros, el punto de vista y la voz, y el resumen crítico. También hemos visto la ventaja de asignarles a ciertos compañeros la responsabilidad de dirigir varias partes de nuestro análisis.

Ahora seguimos adelante combinando todos estos papeles con el fin de crear nuestra comunidad de lectores. Con esta estrategia aprendemos a compartir el proceso de leer, analizar, e interpretar el texto, y explorar tremas universales. Así intentamos practicar la lectura y la discusión "crítica" de un texto para poder llevar a cabo discusiones de cualquier texto. Como hemos visto, el propósito de la comunidad de lectores es dividir los papeles entre los miembros de la comunidad para que cada uno ejecute una función distinta en la lectura; después de haber terminado la tarea individual, los miembros incorporan su trabajo a una discusión de la comunidad. Seguimos los siguientes pasos:

a. Crear comunidades de cinco miembros. En cada clase habrá de tres a cinco comunidades según el número de estudiantes. Puede haber varias comunidades: en las actividades y la discusión que siguen a la lectura, se puede juntar todos los miembros del mismo papel o representantes de cada papel para que haya más variedad, o empezar en comunidades pequeñas y terminar con un grupo entero.
b. Asignar a cada miembro un papel distinto. Ya conocemos los papeles:

    1. *Investigador*—Asume la responsabilidad de buscar información sobre el escritor, el contenido y el estilo del texto. La tarea es encontrar información sobre la época en la cual se escribió la obra; el ambiente en que toma lugar; el trasfondo del autor; otras artes (por ejemplo, la música y la pintura) de la época. No es necesario efectuar una presentación formal, sino encontrar aspectos que ayuden a la comprensión de la lectura. Escoge algo que te interese a ti también. Un breve resumen interesante y personal es mejor que una lista de información.

2. *El que resume*—Asume la responsabilidad de preparar un resumen oral breve (de 2 a 4 minutos) de la lectura. La tarea consiste en destacar los puntos sobresalientes, en vez de contar de nuevo toda la historia. Tienes que contestar la pregunta, "¿Cuál es la información esencial para mi comunidad?"
3. *El experto del lenguaje*—Asume la responsabilidad de identificar las palabras claves y difíciles de la lectura. No sólo debes buscar palabras en un diccionario y ofrecer traducciones, sino que debes saber explicar el significado de las palabras en español. Es necesario limitarte a cinco o siete palabras esenciales y ayudar a la comunidad con lo siguiente:
   a. dónde se encuentra la palabra
   b. cuál es el significado en este contexto particular
   c. por qué es esencial esta palabra (es decir, ¿por qué la escogiste?)
4. *El intérprete*—Asume la responsabilidad de reflexionar sobre las varias interpretaciones y los posibles temas, las conexiones entre éstos y la vida diaria. Dedícate a encontrar pasajes y palabras en el texto que sirven de ejemplos de sus ideas. Su papel es ayudar a la comunidad a entender la lectura dentro del contexto del texto y el contexto universal. Entre las preguntas posibles que puedan abordar se encuentran:
   a. ¿Ha ocurrido algo en tu vida que se relacione con lo que les ocurre a los personajes?
   b. ¿Hay algo en la lectura que te haga pensar en tu propia vida o en el mundo de la actualidad en general?
5. *El moderador*—Asume la responsabilidad de facilitar la conversación sobre la lectura. La tarea es preparar varias preguntas de discusión para la comunidad a fin de que la conversación incluya a todos los miembros y sea activa, a propósito, y bien dirigida. Piensa en preguntas que se dirijan hacia la lectura y hacia los lectores:

   ¿Qué opinan sobre esta lectura? ¿Cómo reaccionaron? ¿Les gustó? ¿Les sorprendió? ¿Surgieron preguntas al leer? ¿Qué ocurrió después? Con la información que nos presentan los demás miembros de la comunidad, el moderador ayuda al grupo a relacionar los temas del cuento y los temas contemporáneos.

Recuerda: Cada mi embro Cada miembro asume la responsabilidad de cumplir con su papel, haciendo la tarea en casa y preparando el material para la discusión colectiva. En clase, la comunidad se junta para discutir los hallazgos. Cada miembro coopera con el moderador y comparte la responsabilidad de conversar. El objetivo es crear una clase de participación balanceada entre el profesor y todos los compañeros. A este nivel, ya es hora de tomar la iniciativa y compartir la responsabilidad para el provecho de toda la clase.

Práctica

En comunidad, piensa en la lectura de Pardo Bazán que acaban de leer. ¿Qué sacó cada miembro de la comunidad? Juntos, ofrezcan varias respuestas a las preguntas que formula cada miembro. Como comunidad, intenten crear una presentación comprensiva y colectiva para la clase sobre la información compartida.

PASO 2 ESCRIBIR POR MODELOS

La narrativa dos: Manipular el marco

En el capítulo anterior, estudiamos la forma y la función de la narrativa, la diferencia entre el tema y la tesis, la necesidad de apoyar las ideas y el uso de un tiempo verbal consistente. En este capítulo, leímos un texto que va más allá de la narrativa. Muestra el punto clave de cualquier narrativa: la perspectiva tomada.

Pensemos otra vez en la diferencia entre el reportero y el pintor. El reportero recoge y expone los hechos de los acontecimientos. Pero como hemos visto, el pintor no tiene tal obligación. El pintor decide la perspectiva que va a incluir en el marco. Tiene varias decisiones que tomar: el aspecto del sujeto que va a resaltar o disminuir, cuánto del sujeto pintará, cuántos objetos o símbolos incluirá, qué trasfondo le dará al sujeto. El pintor inclusive tiene la libertad de escoger los colores y la textura, la tela, y el tipo de pintura que usará.

¿Cómo se relaciona el escritor con el pintor? Como pintor, el escritor tiene varias opciones para realizar su obra. Y nosotros al escribir, tomamos decisiones, tales como qué tiempo verbal usar o, si narrar la acción hacia adelante o hacia atrás. Recordemos que manipulamos el marco para realizar las tres partes de la narrativa: exponer la situación, desarrollar la acción y terminarla. Volvamos al modelo de Pardo Bazán: ¿Cómo manejó el marco? ¿Cómo presentó la información? ¿Desarrolló la acción y la resolvió? ¿Hay resolución de la trama en la obra? ¿Qué propósito logró con el título? Ahora nos toca a nosotros. . .

Estrategias para escribir: Pintar la estructura

¡Manual! En el Manual se estudian los usos de los pronombres del español en todas sus formas.

Más allá de "construir la estructura fuerte", como hicimos en el capítulo anterior, debemos también "pintar la estructura". No nos olvidemos de las partes ni de la necesidad de formular una tesis clara y exponer apoyo fuerte. Manipulemos dichos aspectos para crear una perspectiva propia. ¿Cómo? Empezamos con la idea del contenido (tema, personajes, ambiente, trama) y luego decidimos la perspectiva deseada, con la cual le damos marco a la narración.

El contenido. El contenido consiste en toda la información contenida en el ensayo. Esta información se relaciona con el ambiente, el tema principal (puede ser personaje o no), el desarrollo, y la resolución.

La perspectiva. La perspectiva consiste en el ángulo que escogemos para destacar algo del contenido. Hay que optar por cierto enfoque (la tesis) y darle el apoyo necesario. Las decisiones sobre la perspectiva son las más importantes que tomamos como escritores. Comprenden la responsabilidad (como buen reportero) y los recursos estilísticos (como pintor). Cumplimos al contestar estas preguntas:

¿Qué aspectos quisiera destacar de este contenido? ¿Cuál es la información esencial? ¿Hay algo que no sea esencial pero que debo añadir? ¿Qué debo omitir? ¿Tengo el marco claro?

El marco. El marco es lo que incluyes y cómo presentas la información. Contestamos estas preguntas: ¿Uso el tiempo presente o no? ¿Con qué parte de la narrativa empiezo: la presentación, el propio desarrollo, o la resolución? ¿Dónde introduzco la tesis?

Práctica

1. Recientemente sufriste un accidente de coche. Nadie se dañó, pero se te destruyó el coche.
   a. Ahora: A partir de este hecho sencillo, crea un contenido. Haz una lista sobre la siguiente información de trasfondo:
      - el coche (de quién, nuevo o no, caro o no)
      - los personajes (tú sólo o con otros; eras conductor novato o con mucha experiencia; había otros conductores o no; pasajeros)
      - el ambiente (por la noche, por el día; mal o buen tiempo; mucho tráfico o no)
      - la situación (fin de semana, llevabas prisa)
      - información del desarrollo: los hechos sobre lo que pasó
      - información del desenlace: los hechos sobre la resolución

   b. Antes de escribir, decide la perspectiva. ¿Cuál será la tesis: que los lunes el tráfico es horrible, que tienes mala suerte, que la edad de manejar no debe empezar a los 16 años o que debe terminar a los 50, que el coche era demasiado viejo. . . ?

      Una vez que tengas la perspectiva, vuelve a la lista de los aspectos del trasfondo de la historia y decide qué quieras incluir.

   c. Decide sobre el marco: es decir, las opciones estilísticas que mejor se relacionen con la perspectiva.
   d. Comparte tus decisiones con dos estudiantes. ¿Cómo se diferencian los modos en que han manipulado y qué impresión ofrece cada variación?

PASO 3 REDACTAR POR MODELOS

Estrategias del proceso: Los párrafos

Piensa en la exposición del cuento de Pardo Bazán en comparación con el de Raulston. Pardo Bazán relata el suceso y presenta las dos narrativas mediante el uso de muchos párrafos, mientras Raulston relata todo el cuento en una serie de oraciones sin denotar obviamente el cambio de perspectiva. Como pintor que expone su obra, el escritor toma decisiones de cómo presentar la información en la página; esta exposición se basa en el uso de los párrafos.

El propósito del párrafo: Sabemos que un párrafo consiste en una idea principal (oración temática) y un apoyo. Lo fundamental de cada párrafo es asegurarte que cada oración añade algo a la idea principal. A veces hay oraciones sobresalientes u oraciones que pertenecen mejor a otro párrafo. Al cerrar un párrafo indicamos al lector que vamos a pasar a otra idea. En la narrativa, el cambio de párrafo también indica una nueva etapa en el desarrollo o el cambio de tiempo en el que nos encontramos. Podemos llamarle la atención al lector al variar el tamaño y tipo del párrafo.

Práctica

Usando un ensayo que hayas escrito, practica el uso de los párrafos. ¿Es lógica la separación de párrafos que hiciste? ¿Hay lugares donde no dividiste bien el texto? ¿Crees que una nueva separación destacaría más las ideas?

Claves de la composición: Las transiciones

Unido a la importancia de entender y decidir la división entre los párrafos va la estrategia estilística del uso de oraciones transicionales. Es útil incluir transiciones al final de un párrafo para llevarle al lector al próximo párrafo o es necesario incluir una transición al comienzo del nuevo párrafo. Las transiciones sirven no sólo para introducir una idea nueva, sino también como oración temática en sí o puente entre las ideas.

Transiciones finales: Fíjate en la oración con la que terminas un párrafo. ¿Es la oración que da la información menos destacada en el párrafo o es la oración de mayor importancia? ¿La usas para crear un puente entre dos párrafos? ¿La usas para señalar otra idea o un nuevo tono al lector?

Transiciones iniciales: Fíjate en la oración con la que empiezas un párrafo. ¿Es la oración temática la primera oración? ¿Contiene información relacionada con el párrafo anterior o no? ¿Quieres crear un puente explícito entre los párrafos? Si rompes con esta norma, ¿por qué lo haces?

El uso de oraciones transicionales no sólo es esencial para mantener una estructura fuerte, sino que también representa una oportunidad de añadir otro toque estilístico a nuestra pluma de escritores.

Práctica

1. Vuelve a leer el cuento de Pardo Bazán, prestando atención a las oraciones finales e iniciales de cada párrafo. ¿Qué impresión causan estas oraciones? ¿Dónde crees que hay un puente obvio entre los párrafos y dónde no lo hay?

Estrategias para editar: Los párrafos y las transiciones

¡Manual! En el Manual hay un modelo estudiantil que sirve para estudiar el uso de párrafos y transiciones. Presten atención al uso de oraciones temáticas en cada párrafo y al uso de lenguaje preciso y conciso.

PASO 4 CREAR NUESTROS MODELOS

La imagen estereotípica del reportero suele ser la de un individuo con gorra de béisbol puesta, baja en la frente, mostrando su determinación en investigar un suceso y en representar los hechos. En cambio, un pintor no lleva tal gorra de béisbol, sino una boina, puesta ligeramente, con cierto toque artístico. Recordando de donde hemos venido, el fotógrafo, el escultor, y el reportero, pongámonos esta boina de pintor para ayudarnos con la narrativa avanzada, escogiendo la perspectiva dentro del marco.

1. Reflexiona sobre el amor, recuerda cuando una vez tomaste una decisión emocional. Puede ser sobre una relación personal entre novios, hermanos, amigos, u otros parientes. ¿Qué opinas, en retrospección, sobre la decisión que tomaste? ¿Lo harías de nuevo? Narra lo que ocurrió, ofreciendo una perspectiva clara.
2. Pensando en la acción que tomó la novia en el cuento de Pardo Bazán, toma una posición a favor o en contra de lo que hizo. ¿Fue correcta su decisión o no? Defiende tu perspectiva con apoyo del texto.

Lista de verificación para entregar con el ensayo.

¡OJO! Antes de entregar:

1. ____ He hecho una escritura libre y varios borradores.
2. ____ He creado un título y una primera oración apropiados.
3. ____ He decidido una perspectiva.
4. ____ He generado una tesis clara del tema y piezas apropiadas de apoyo.
5. ____ He prestado atención a la consistencia de tiempo verbal.
6. ____ He incluido un lenguaje descriptivo dentro de una narrativa bien desarrollada según los tres aspectos de la narración.
7. ____ La separación y las transiciones entre párrafos tienen sentido.
8. ____ Pensando en la clave editorial, he prestado atención a los aspectos de la organización, el estilo y la gramática.

Glosario

Pardo Bazán, "El encaje roto"

aderezo nupcial: joyas de la novia
ahondar: estudiar en detalle
atestado: lleno de gente
corresponderá: será de
el desgarrón: el resultado de romperse
el encaje: tejido de puntilla
las facciones: los rasgos de la cara
la felicidad: una gran alegría
el júbilo: la alegría
prendida, atareada: vestida, ocupada
los sesos: la mente
soltó (soltar): se le escapó, expulsó
el sucedido: lo que pasó
el volante de encaje: adornos de encaje

Capítulo 6

Escritor cuentista

Modelos: Escritor cuentista

Ya hemos visto dos etapas de la escritura narrativa, el reportero que recoge los hechos de un suceso y el pintor que tiene mayor libertad de tomar cierta perspectiva hacia el tema y crear su propia versión de la realidad. Ahora exploraremos una nueva etapa de la narración: el modelo del cuentista. Para nosotros el cuentista incorpora tanto el papel del reportero como el del pintor, pero va más allá todavía: incorpora todo lo que hemos visto de la escritura descriptiva y narrativa para crear un relato vivo y auténtico. El cuentista considera tanto la manera de los modelos descriptivos (fotógrafo y escultor) como la forma de los modelos narrativos (el reportero y el pintor) además de establecer un tono propio para dirigirse al público.

En este capítulo, usaremos el modelo del cuentista para repasar todo lo que hemos estudiado hasta ahora y, pensando en el próximo paso, haremos una primera incursión en el estudio de la argumentación.

Modelos de lectura:
- entender el tono del autor
- descifrar la perspectiva y el tono

Modelos de escritura:
- integrar la descripción y la narración
- el reportaje dramático

Manual de gramática:
- el tiempo futuro
- la voz pasiva
- el condicional

Manual de redacción:
- la clave editorial repensada
- la voz pasiva o activa

PASO 1 LEER POR MODELOS

Modelo: Horacio Quiroga, "Los fabricantes de carbón"

Comunidad de lectores.

Ahora que todos los papeles han sido asignados, leeremos la lectura conscientes del papel que cada uno va a cumplir en nuestra comunidad. Todos debemos de ser conscientes y responsables de efectuar una lectura crítica, a fin de ayudar a cada miembro con su función.

INVESTIGADORES:

a. Busquen información sobre Horacio Quiroga y la provincia de Misiones en Argentina.
b. Si tienen tiempo, vean la película "The Mission", la cual se ofrece un panorama de la zona durante el período colonial de los países del Cono Sur.

Antes de leer

Horacio Quiroga (1878–1937) nació en Uruguay y vivió la mayor parte de su vida en Argentina. Muchos de sus cuentos transcurren en la provincia de Misiones, donde pasó una temporada bastante larga. Ahí obtuvo un gran conocimiento de una naturaleza indiferente y una selva indomable. Su vida estuvo marcada por la muerte de varios familiares, lo cual le llevó a tener una perspectiva bastante pesimista, reflejada en parte en el cuento que vamos a leer.

Este cuento contiene varios niveles de comprensión: una relación entre dos hombres, la relación entre padre e hija, la relación entre los seres humanos y la naturaleza, y otras relaciones a niveles sociopolíticos. Al leer presta atención a dichas relaciones; para mayor comprensión del cuento, trata de incorporar las estrategias de lectura crítica, tomando apuntes y creando un bosquejo de los elementos básicos (tiempo, personajes, posibles temas). Trata de averiguar también el tono del autor: ¿Qué tipo de lenguaje utiliza? ¿Qué relación intenta establecer contigo, el lector?

Piensa en cómo sería vivir a las afueras, en la naturaleza. ¿Has ido alguna vez a acampar en las montañas? ¿Qué imágenes te evoca la naturaleza? En este cuento, observaremos otra visión de la naturaleza y de los esfuerzos humanos. Compara tu imagen con la que aparece a continuación.

"Los fabricantes de carbón"

Los dos hombres dejaron en tierra el artefacto de cinc y se sentaron sobre él. Desde el lugar donde estaban, a la trinchera, había aún treinta metros y el cajón **pesaba.** Era esa la cuarta detención—y la última—, pues muy próxima la trinchera alzaba su escarpa de tierra roja.

Pero el sol de mediodía pesaba también sobre la cabeza desnuda de los dos hombres. La cruda luz lavaba el paisaje en un amarillo lívido de eclipse, sin sombras ni relieves. Luz de sol meridiano, como el de Misiones, en que las camisas de los dos hombres deslumbraban.

De vez en cuando volvían la cabeza al camino recorrido, y la bajaban en seguida, ciegos de luz. Uno de ellos, por lo demás, ostentaba en las precoces arrugas y en las infinitas patas de gallo el estigma del sol tropical. Al rato ambos se incorporaron, empuñaron de nuevo la angarilla, y paso tras paso, llegaron por fin. Se tiraron entonces de espaldas a pleno sol, y con el brazo **se taparon** la cara.

El artefacto, en efecto, pesaba, cuanto pesan cuatro chapas de catorce pies, con el refuerzo de cincuenta y seis pies de hierro L y hierro T de pulgada y media. Técnica dura, ésta, pero que nuestros hombres tenían grabada hasta el fondo de la cabeza, porque el artefacto en cuestión era **una caldera para fabricar carbón** que ellos mismos habían construido y la trinchera no era otra cosa que el horno de calefacción circular, obra también de su solo trabajo. Y, en fin, aunque los dos hombres estaban vestidos como peones y hablaban como ingenieros, no eran ni ingenieros ni peones.

Uno se llamaba Duncan Dréver, y Marcos Rienzi, el otro. Padres ingleses e italianos, respectivamente, sin que ninguno de los dos tuviera el menor prejuicio sentimental hacia su raza de origen. Personificaban así un tipo de americano que ha espantado a Huret, como tantos otros: el hijo de europeo que se ríe de su patria heredada con tanta frescura como de la suya propia.

Pero Rienzi y Dréver, tirados de espaldas, el brazo sobre los ojos, no se reían en esa ocasión, porque estaban hartos de trabajar desde las cinco de la mañana y desde un mes atrás, bajo un frío de **cero grado** las más de las veces.

Esto era en Misiones. A las ocho, y hasta las cuatro de la tarde, el sol tropical hacía de las suyas, pero apenas bajaba el sol, el termómetro comenzaba a caer con él, tan velozmente que se podía seguir con los ojos el descenso del mercurio. A esa hora el país comenzaba a **helarse** literalmente; de modo que los treinta grados del mediodía se reducían a cuatro a las ocho de la noche, para comenzar a las cuatro de la mañana el galope descendente: -1, -2, -3. La noche anterior había bajado a 4, con la consiguiente sacudida de los conocimientos geográficos de Rienzi, que no concluía de orientarse en aquella climatología de carnaval, con la que poco tenían que ver los informes meteorológicos.

—Este es un país subtropical de calor asfixiante—decía Rienzi, tirando el cortafierro quemante de frío y yéndose a caminar. Porque antes de salir el sol, en la penumbra glacial del campo escarchado, un trabajo a fierro vivo despelleja las manos con harta facilidad.

Dréver y Rienzi, sin embargo, no abandonaron una sola vez su caldera en todo ese mes, salvo los días de lluvia, en que estudiaban modificaciones sobre el plano, muertos de frío. Cuando se decidieron por **la destilación** en vaso cerrado, sabían ya prácticamente a qué atenerse respecto de los diversos sistemas a fuego directo, incluso el de Schwartz. Puestos de firme en su caldera, lo único que no había variado nunca era su capacidad: 1.400 cm. Pero forma, ajuste, tapas, diámetro del **tubo de escape,** condensador, todo había sido estudiado y reestudiado cien veces. De noche, al acostarse, se repetía siempre la misma escena. Hablaban un rato en la cama de a o b, cualquier cosa que nada tenía que ver con su tarea del momento. Cesaba la conversación, porque tenían sueño. Así al menos lo creían ellos. A la hora de profundo silencio, uno levantaba la voz:

—Yo creo que diecisiete debe ser bastante.
—Creo lo mismo—respondía en seguida el otro.

¿Diecisiete qué? Centímetros, remaches, días, intervalos, cualquier cosa. Pero ellos sabían perfectamente que se trataba de su caldera y a qué se referían.

Un día, tres meses atrás, Rienzi había escrito a Dréver desde Buenos Aires, diciéndole que quería ir a Misiones. ¿Qué se podía hacer? El creía que a despecho de las aleluyas nacionales sobre la industrialización del país, una pequeña industria, bien entendida, podría dar resultado por lo menos durante la guerra. ¿Qué le parecía esto?

—Dréver contestó—Véngase, y estudiaremos el asunto carbón y alquitrán.

A lo que Rienzi repuso embarcándose para allá.

Ahora bien; la destilación a fuego de la madera es un problema interesante de resolver, pero para el cual se requiere un capital bastante mayor del que podía disponer Dréver. En verdad, el capital de éste consistía en **la leña** de su monte, y el recurso de sus herramientas. Con esto, cuatro chapas que le habían sobrado al armar el galpón, y la ayuda de Rienzi, se podía **ensayar.**

Ensayaron, pues. Como en la destilación de la madera los gases no trabajaban a presión, el material aquel les bastaba. Con hierros T para la armadura y L para las bocas, montaron la caldera rectangular de 4,20 × 0,70 metros. Fue un trabajo prolijo y tenaz, pues a más de las dificultades técnicas debieron contar con las derivadas de la escasez de material y de una que otra herramienta. El ajuste inicial, por ejemplo, fue un desastre: imposible pestañar aquellos bordes quebradizos, y poco menos que en el aire. Tuvieron, pues, que ajustarla a fuerza de remaches, a uno por centímetro, lo que da 1.680 para la sola unión longitudinal de las chapas. Y como no tenían remaches, cortaron 1.680 clavos, y algunos centenares más para la armadura.

Rienzi remachaba de afuera. Dréver, apretado dentro de la caldera, con las rodillas en el pecho, **soportaba** el golpe. Y los clavos, sabido es, sólo pueden ser remachados a costa de una gran paciencia que a Dréver, allá adentro, se le escapaba con rapidez vertiginosa. A la hora turnaban, y mientras Dréver salía acalambrado, doblado, incorporándose a sacudidas, Rienzi entraba a poner su paciencia a prueba con las corridas del martillo por el contragolpe.

Tal fue su trabajo. Pero el empeño en hacer lo que querían fue asimismo tan serio, que los dos hombres no dejaron pasar un día sin machucarse las uñas. Con las modificaciones sabidas los días de lluvia, y los inevitables comentarios a medianoche.

No tuvieron en ese mes otra diversión—esto desde el punto de vista urbano—que entrar los domingos de mañana en el monte a punta de machete. Dréver, hecho a aquella vida, tenía la muñeca bastante sólida para no cortar sino lo que quería; pero cuando Rienzi era quien abría monte, su compañero tenía buen cuidado de mantenerse atrás a cuatro o cinco metros. Y no es que el puño de Rienzi fuera malo; pero **el machete** es cosa de un largo **aprendizaje.**

Luego, como distracción diaria, tenían la que les proporcionaba su ayudante, la hija de Dréver. Era ésta una rubia de cinco años, sin madre, porque Dréver había enviudado a los tres años de estar allá. El la había criado solo, con una paciencia infinitamente mayor que la que le pedían los remaches de la caldera. Dréver no tenía el carácter manso, y era difícil de manejar. De dónde aquel hombrón había sacado la ternura y la paciencia necesarias para criar solo y hacerse adorar de su hija, no lo sé; pero lo cierto es que cuando caminaban juntos al crepúsculo, se oían diálogos como éste:

—¡Piapía!
—¡Mi vida. . . ..!
—¿Va a estar pronto tu caldera?
—Sí, mi vida.
—¿Y vas a destilar toda la leña del monte?
—No; vamos a ensayar solamente.
—¿Y vas a ganar platita?
—No creo, chiquita.

—¡Pobre piapiacito querido! No podés nunca ganar mucha plata.
—Así es. . .
—Pero vas a hacer un ensayo lindo, piapiá. ¡Lindo como vos, piapiacito querido!
—Sí, mi amor.
—¡Yo te quiero mucho, mucho, piapiá!
—Sí, mi vida. . .

Y el brazo de Dréver bajaba por sobre el hombro de su hija y la criatura besaba la mano dura y quebrada de su padre, tan grande que le ocupaba todo el pecho.

Rienzi tampoco era pródigo de palabras, y fácilmente podía considerárseles tipos inabordables. Mas la chica de Dréver conocía un poco a aquella clase de gente, y se reía a carcajadas del terrible **ceño** de Rienzi, cada vez que éste trataba de imponer con su entrecejo **tregua** a las diarias exigencias de su ayudante: vueltas de carnero en la gramilla, carreras a babucha, hamaca, trampolín, sube y baja, alambrecarril, sin contar uno que otro jarro de agua a la cara de su amigo, cuando éste, a mediodía, se tiraba al sol sobre el pasto.

Dréver oía un juramento e inquiría la causa.

—¡Es la maldita viejita! —gritaba Rienzi—. No se le ocurre sino. . .

Pero ante la—bien que remota—probabilidad de una injusticia propia del padre, Rienzi se apresuraba a hacer las paces con la chica, la cual festejaba en cuclillas la cara lavada como una botella de Rienzi.

Su padre jugaba menos con ella; pero seguía con los ojos el pesado galope de su amigo alrededor de la meseta, cargado con la chica en los hombros.

Era un terceto bien curioso el de los dos hombres de grandes zancadas y su rubia ayudante de cinco años, que iban, venían y volvían a ir de la meseta al horno. Porque la chica, criada y educada constantemente al lado de su padre, conocía una por una las herramientas, y sabía qué presión, más o menos, se necesita para partir diez cocos juntos, y a qué olor se le puede llamar con propiedad de piroleñoso. Sabía leer, y escribía todo con mayúsculas.

Aquellos doscientos metros del bungalow, al monte fueron recorridos a cada momento mientras se construyó el horno. Con paso fuerte de madrugada, o tarde a mediodía, iban y venían coma hormigas por el mismo sendero, con las mismas sinuosidades y la misma curva para evitar el florecimiento de arenisca negra a flor de pasto.

Si la elección del sistema de **calefacción** les había costado, su ejecución sobrepasó con mucho lo concebido.

Una cosa es en el papel, y otra en el terreno, decía Rienzi con las manos en los bolsillos, cada vez que un laborioso cálculo sobre volumen de gases, toma de aire, superficie de la parrilla, cámara de tiro, se les iba al diablo por la pobreza del material.

Desde luego, se les había ocurrido la cosa más arriesgada que quepa en asuntos de ese orden: calefacción en espiral para una caldera horizontal. ¿Por qué? Tenían ellos sus razones y dejémoselas. Mas lo cierto es que cuando encendieron por primera vez el horno, y acto continuo el humo escapó de la chimenea, después de haberse visto forzado a descender cuatro veces bajo la caldera, al ver esto, los dos hombres se sentaron a fumar sin decir nada, mirando aquello con aire más bien distraído, el aire de hombres de carácter que ven el éxito de un duro trabajo en el que han puesto todas sus fuerzas.

¡Ya estaba, por fin! Las instalaciones accesorias—condensador de alquitrán y quemador de gases—eran un juego de niños. La condensación se dispuso en ocho bordelesas, pues no tenían agua; y los gases fueron enviados directamente al hogar. Con lo que la chica de Dréver tuvo ocasión de maravillarse de aquel **grueso chorro** de fuego que salía de la caldera donde no había fuego.

—¡Qué lindo, piapiá! —exclamó, inmóvil de sorpresa. Y con los besos de siempre a la mano de su padre:
—¡Cuántas cosas sabés hacer, piapiacito querido!

Tras lo cual entraban en el monte a comer naranjas.

Entre las pocas cosas que Dréver tenía en este mundo—fuera de su hija, claro está—la de mayor valor era su naranjal, que no le daba **renta alguna,** pero que era un encanto de ver. Plantación original de los jesuitas, hace doscientos años, el naranjal había sido invadido y sobrepasado por el bosque, en cuyo *sous-bois,* digamos, los naranjos continuaban enervando el monte de perfume de azahar, que al crepúsculo llegaba hasta los senderos del campo. Los naranjos de Misiones no han conocido jamás enfermedad alguna. Costaría trabajo encontrar una naranja con una sola peca. Y como riqueza de sabor y hermosura aquella fruta no tiene rival.

De los tres visitantes, Rienzi era el más **goloso.** Comía fácilmente diez o doce naranjas, y cuando volvía a casa llevaba siempre una bolsa cargada al hombro. Es fama allá que una helada favorece a la fruta. En aquellos momentos, a fines de junio, eran ya un almíbar; lo cual reconciliaba un tanto a Rienzi con el frío.

Este frío de Misiones que Rienzi no esperaba y del cual no había oído hablar nunca en Buenos Aires, molestó las primeras hornadas de carbón ocasionándoles un gasto extraordinario de combustible.

En efecto, por razones de organización encendían el horno a las cuatro o cinco de la tarde. Y como el tiempo para una completa carbonización de la madera no baja normalmente de ocho horas, debían alimentar el fuego hasta las doce o la una de la mañana hundidos en el foso ante la roja boca del hogar, mientras a sus espaldas caía una mansa helada. Si la calefacción subía, la condensación se efectuaba a las mil maravillas en el aire de hielo, que les permitía obtener en el primer ensayo un 2 por ciento de alquitrán, lo que era muy halagüeño, vistas las circunstancias.

Uno u otro debía **vigilar** constantemente la marcha, pues el peón accidental que les cortaba leña persistía en no entender aquel modo de hacer carbón. Observaba atentamente las diversas partes de la fábrica, pero sacudía la cabeza a la menor insinuación de encargarle el fuego.

Era un mestizo de indio, un muchachón flaco, de raro bigote, que tenía siete hijos y que jamás contestaba de inmediato la más fácil pregunta sin consultar un rato al cielo, silbando vagamente. Después respondía: "Puede ser". En balde le habían dicho que diera fuego sin inquietarse hasta que la tapa opuesta de la caldera chispeara al ser tocada con el dedo mojado. Se reía con ganas, pero no aceptaba. Por lo cual el vaivén de la meseta al monte proseguía de noche, mientras la chica de Dréver, sola en el bungalow, se entretenía tras los vidrios en reconocer, al relámpago del hogar, si era su padre o Rienzi quien atizaba el fuego.

Alguna vez, algún turista que pasó de noche hacia el puerto a tomar el vapor que lo llevaría al Iguazú, debió de extrañarse no poco de aquel resplandor que salía de bajo tierra, entre el humo y el vapor de los escapes: mucho de solfatara y un poco de infierno, que iba a herir directamente la imaginación del peón indio.

La atención de éste era vivamente solicitada por la elección del combustible. Cuando descubría en su sector un buen "**palo noble** para el fuego", lo llevaba en su carretilla hasta el horno, impasible, como si ignorara el tesoro que conducía. Y ante el halago de los foguistas, volvía indiferente la cabeza a otro lado, para sonreírse a gusto, según decir de Rienzi.

Los dos hombres se encontraron así un día con tal *stock* de esencias muy combustibles, que debieron disminuir en el hogar la toma de aire, el que entraba ahora silbando y vibraba bajo la parrilla.

Entretanto, el rendimiento de alquitrán aumentaba. Anotaban los porcentajes en carbón, alquitrán y piroleñoso de las esencias más aptas, aunque todo *grosso modo.* Pero lo que, en cambio, anotaron muy bien fueron los inconvenientes—uno por uno—de la calefacción circular para una caldera horizontal: en esto podían reconocerse maestros. El gasto de combustible poco les interesaba. Fuera de que con una temperatura de 0 grado, las más de las veces, no era posible cálculo alguno.

Ese invierno fue en extremo riguroso, y no sólo en Misiones. Pero desde fines de junio las cosas tomaron un cariz extraordinario, que el país sufrió hasta las raíces de su vida subtropical.

En efecto, tras cuatro días de pesadez y amenaza de **gruesa tormenta,** resuelta en llovizna de hielo y cielo claro al sur, el tiempo se serenó. Comenzó el frío, calmo y agudo, apenas sensible a mediodía, pero que a las cuatro mordía ya las orejas. El país pasaba sin transición de las madrugadas blancas al esplendor casi mareante de un mediodía invernal en Misiones, para helarse en la oscuridad a las primeras horas de la noche.

La primera mañana de esas, Rienzi, helado de frío, salió a caminar de madrugada y volvió al rato tan helado como antes. Miró el termómetro y habló a Dréver que se levantaba.

—¿Sabe qué temperatura tenemos? Seis grados bajo cero.
—Es la primera vez que pasa esto—repuso Dréver.
—Así es—asintió Rienzi—. Todas las cosas que noto aquí pasan por primera vez.

Se refería al encuentro en pleno invierno con una **yarará,** y donde menos lo esperaba.

La mañana siguiente hubo siete grados bajo cero. Dréver llegó a dudar de su termómetro, y montó a caballo, a verificar la temperatura en casa de dos amigos, uno de los cuales atendía una pequeña estación meteorológica oficial. No había duda: eran efectivamente nueve grados bajo cero; y la diferencia con la temperatura registrada en su casa provenía de que estando la meseta de Dréver muy alta sobre el río y abierta al viento, tenía siempre dos grados menos en invierno, y dos más en verano, claro está.

—No se ha visto jamás cosa igual—dijo Dréver, de vuelta, desensillando el caballo.
—Así es—confirmó Rienzi.

Mientras aclaraba al día siguiente, llegó al bungalow un muchacho con una carta del amigo que atendía la estación meteorológica. Decía así:

"Hágame el favor de registrar hoy la temperatura de su termómetro al salir el sol. Anteayer comuniqué la observada aquí, y anoche he recibido un pedido de Buenos Aires de que rectifique en forma la temperatura comunicada. Allá se ríen de los nueve grados bajo cero. ¿Cuánto tiene usted ahora?"

Dréver esperó la salida del sol y anotó en la respuesta: "27 de junio: 9 grados bajo 0".

El amigo telegrafió entonces a la oficina central de Buenos Aires el registro de su estación: "27 de junio: 9 grados bajo 0".

Rienzi vio algo del efecto que puede tener tal temperatura sobre una vegetación casi de trópico; pero le estaba reservado para más adelante constatarlo de pleno. Entretanto, su atención y la de Dréver se vieron duramente solicitadas por la enfermedad de la hija de éste.

Desde una semana atrás la chica no estaba bien. (Esto, claro está, lo notó Dréver después, y constituyó uno de los entretenimientos de sus largos silencios.) Un poco de desgano, mucha sed, y los ojos irritados cuando corría.

Una tarde, después de almorzar, al salir Dréver afuera encontró a su hija acostada en el suelo, fatigada. Tenía 39 grados de fiebre. Rienzi llegó un momento después, y la halló ya en cama, las mejillas abrasadas y la boca abierta.

—¿Qué tiene?—preguntó extrañado a Dréver.

—No sé. . . 39 y pico.

Rienzi se dobló sobre la cama.

—¡Hola, viejita! Parece que no tenemos alambrecarril, hoy.

La pequeña no respondió. Era característica de la criatura, cuando tenía fiebre, cerrarse a toda pregunta sin objeto y responder apenas con monosílabos secos, en que se transparentaba a la lengua el carácter del padre.

Esa tarde, Rienzi se ocupó de la caldera, pero volvía de rato en rato a ver a su ayudante, que en aquel momento ocupaba un rinconcito rubio en la cama de su padre.

A las tres, la chica tenía 39,5 y 40 a las seis. Dréver había hecho lo que se debe hacer en esos casos, incluso el baño.

Ahora bien: bañar, cuidar y atender a una criatura de cinco años en una casa de tablas peor ajustada que una caldera, con un frío de hielo y por dos hombres de manos encallecidas, no es tarea fácil. Hay cuestiones de camisitas, ropas minúsculas, bebidas a horas fijas, detalles que están por encima de las fuerzas de un hombre. Los dos hombres, sin embargo, con los duros brazos arremangados, bañaron a la criatura y la secaron. Hubo, desde luego, que calentar el ambiente con alcohol; y en lo sucesivo, que cambiar los paños de agua fría en la cabeza.

La pequeña había condescendido a sonreírse mientras Rienzi le secaba los pies, lo que pareció a éste de buen **augurio.** Pero Dréver temía un golpe de fiebre perniciosa, que en temperamentos vivos no se sabe nunca adónde puede llegar.

A las siete la temperatura subio a 40,8, para descender a 39 en el resto de la noche y montar de nuevo a 40,3 a la mañana siguiente.

—¡Bah!—decía Rienzi con aire despreocupado—. La viejita es fuerte, y no es esta fiebre la que la va a tumbar.

Y se iba a la caldera silbando, porque no era cosa de ponerse a pensar estupideces.

Dréver no decía nada. Caminaba de un lado para otro en el comedor, y sólo se interrumpía para entrar a ver a su hija. La chica, devorada de fiebre, persistía en responder con monosílabos secos a su padre.

—¿Cómo te sientes, chiquita?
—Bien.
—¿No tienes calor? ¿Quieres que te retire un poco la colcha?
—No.
—¿Quieres agua?
—No.

Y todo sin dignarse volver los ojos a él.

Durante seis días Dréver durmió un par de horas de mañana, mientras Rienzi lo hacía de noche. Pero cuando la fiebre se mantenía amenazante, Rienzi veía la silueta del padre detenido, inmóvil al lado de la cama, y se encontraba a la vez sin sueño. Se levantaba y preparaba café, que los hombres tomaban en el comedor. Instábanse mutuamente a descansar un rato, con un mudo encogimiento de hombros por común respuesta. Tras lo cual uno se ponía a recorrer por centésima vez el título de los libros, mientras el otro hacía obstinadamente cigarros en un rincón de la mesa.

Y los baños siempre, la calefacción, **los paños** fríos, la quinina. La chica se dormía a veces con una mano de su padre entre las suyas, y apenas éste intentaba retirarla, la criatura lo sentía y apretaba los dedos. Con lo cual Dréver se quedaba sentado, inmóvil, en la cama un buen rato; y como no tenía nada que hacer, miraba sin tregua la pobre carita extenuada de su hija.

Luego, delirio de vez en cuando, con súbitos incorporamientos sobre los brazos, Dréver la tranquilizaba, pero la chica rechazaba su contacto, volviéndose al otro lado. El padre recomenzaba entonces su paseo, e iba a tomar el eterno café de Rienzi.

—¿Qué tal?—preguntaba éste.
—Ahí va—respondía Dréver.

A veces, cuando estaba despierta, Rienzi se acercaba esforzándose en levantar la moral de todos, con bromas a la viejita que se hacía la enferma y no tenía nada. Pero la chica, aún reconociéndolo, lo miraba seria, con una hosca fijeza de gran fiebre.

La quinta tarde, Rienzi la pasó en el horno trabajando, lo que constituía un buen derivativo. Dréver lo llamó por un rato y fue a su vez a alimentar el fuego, echando automáticamente leña tras leña en el hogar.

Esa madrugada la fiebre bajó más que de costumbre, bajó más a mediodía, y a las dos de la tarde la criatura estaba con los ojos cerrados, inmóvil, con excepción de un **rictus** intermitente del labio y de pequeñas conmociones que le salpicaban de tics el rostro. Estaba helada; tenía sólo 35 grados.

—Una anemia cerebral fulminante, casi seguro—respondió Dréver a una mirada interrogante de su amigo—. Tengo suerte.

Durante tres horas la chica continuó de espaldas con sus muecas cerebrales, rodeada y quemada por ocho botellas de agua hirviendo. Durante esas tres horas Rienzi caminó muy despacio por la pieza, mirando con el ceño fruncido la figura del padre sentado a los pies de la cama. Y en esas tres horas Dréver se dio cuenta precisa del inmenso lugar que ocupaba en su corazón aquella pobre cosita que le había quedado de su matrimonio, y que iba a llevar al día siguiente al lado de su madre.

A las cinco, Rienzi, en el comedor, oyó que Dréver se incorporaba; y con el ceño más contraído aún entró en el cuarto. Pero desde la puerta distinguió el brillo de la frente de la chica empapada en sudor, ¡salvada!

—Por fin. . . —dijo Rienzi con la garganta estúpidamente apretada.
—¡Sí, por fin!—murmuró Dréver.

La chica continuaba literalmente bañada en sudor. Cuando abrió al rato los ojos, buscó a su padre y al verlo tendió los dedos hacia la boca de él. Rienzi se acercó entonces:

—¿Y. . . ? ¿Cómo vamos, madamita?

La chica volvió los ojos a su amigo.

—¿Me conoces bien ahora? ¿A que no?
—Sí. . .
—¿Quién soy?

La criatura sonrió.

—Rienzi.
—¡Muy bien! Así me gusta. . . No, no. Ahora, a dormir. . .

Salieron a la meseta, por fin.

—¡Qué viejita! —decía Rienzi, haciendo con una vara largas rayas en la arena.

Dréver—seis días de tensión nerviosa con las tres horas finales son demasiado para un padre solo—se sentó en el sube y baja y echó la cabeza sobre los brazos. Y Rienzi se fue al otro lado del bungalow, porque los hombros de su amigo se sacudían.

La convalecencia comenzaba a escape desde ese momento. Entre taza y taza de café de aquellas largas noches, Rienzi había meditado que mientras no cambiaran los dos primeros vasos de condensación obtendrían siempre más brea de la necesaria. Resolvió, pues, utilizar dos grandes bordelesas en que Dréver había preparado su vino de naranja, y con la ayuda del peón, dejó todo listo al anochecer. Encendió el fuego, y después de confiarlo al cuidado de aquél, volvió a la meseta, donde tras los vidrios del bungalow los dos hombres miraron con singular placer el humo rojizo que tornaba a montar en paz.

Conversaban a las doce, cuando el indio vino a anunciarles que el fuego salía por otra parte; que **se había hundido el horno.** A ambos vino instantáneamente la misma idea.

—¿Abriste la toma de aire?—le preguntó Dréver.
—Abrí—repuso el otro.
—¿Qué leña pusiste?
—La carga que estaba allaite.
—¿Lapacho?
—Sí.

Rienzi y Dréver se miraron entonces y salieron con el peón.

La cosa era bien clara: la parte superior del horno estaba cerrada con dos chapas de cinc sobre traviesas de hierro L, y como capa aisladora habían colocado encima cinco centímetros de arena. En la primera sección de tiro, que las llamas lamían, habían resguardado el metal con una capa de arcilla sobre tejido de alambre; arcilla armada, digamos.

Todo había ido bien mientras Rienzi o Dréver vigilaron el hogar. Pero el peón, para apresurar la calefacción en beneficio de sus patrones, había abierto toda la puerta del cenicero, precisamente cuando sostenía el fuego con lapacho. Y como el lapacho es a la llama lo que la nafta a un fósforo, la altísima temperatura desarrollada había barrido con arcilla, tejido de alambre y la chapa misma, por cuyo boquete la llamarada ascendía apretada y rugiente.

Es lo que vieron los dos hombres al llegar allá. Retiraron la leña del hogar, y la llama cesó; pero el boquete quedaba vibrando al rojo blanco, y la arena caída sobre la caldera encequecía al ser revuelta.

Nada más había que hacer. Volvieron sin hablar a la meseta, y en el camino Dréver dijo:

—Pensar que con cincuenta pesos más hubiéramos hecho un horno en forma. . .
—¡Bah!—repuso Rienzi al rato—. Hemos hecho lo que debíamos hacer. Con una cosa concluida no nos hubiéramos dado cuenta de una porción de cosas.

Y tras una pausa:

—Y tal vez hubiéramos hecho algo un poco *pour la galerie*. . .
—Puede ser —asintió Dréver.

La noche era muy suave, y quedaron un largo rato sentados fumando en el dintel del comedor.

Demasiado suave la temperatura. El tiempo descargó, y durante tres días y tres noches llovió con temporal del sur, lo que mantuvo a los dos hombres bloqueados en el bungalow oscilante. Dréver aprovechó el tiempo concluyendo un ensayo sobre creolina cuyo poder hormiguicida y parasiticida era por lo menos tan fuerte como el de la creolina a base de alquitrán de hulla. Rienzi, desganado, pasaba el día yendo de una puerta a otra a mirar el cielo.

Hasta que la tercera noche, mientras Dréver jugaba con su hija en las rodillas, Rienzi se levantó con las manos en los bolsillos y dijo:

—Yo me voy a ir. Ya hemos hecho aquí lo que podíamos. Si llega a encontrar unos pesos para trabajar en eso, avíseme y le puedo conseguir en Buenos Aires lo que necesite. Allá abajo, en el ojo del agua, se pueden montar tres calderas. . . Sin agua es imposible hacer nada. Escríbame, cuando consiga eso, y vengo a ayudarlo. Por lo menos—concluyó después de un momento—podemos tener el gusto de creer que no hay en el país muchos tipos que sepan lo que nosotros sobre carbón.

—Creo lo mismo—apoyó Dréver, sin dejar de jugar con su hija.

Cinco días después, con un mediodía radiante, y **el sulky** pronto en el portón, los dos hombres y su ayudante fueron a echar una última mirada a su obra, a la cual no se habían aproximado más. El peón retiró la tapa del horno, y como una crisálida quemada, abollada, torcida, apareció la caldera en su envoltura de alambre tejido y arcilla gris. Las chapas retiradas tenían alrededor del boquete abierto por la llama un espesor considerable por la oxidación del fuego, y se descascaraban en escamas azules al menor contacto, con las cuales la chica de Dréver se llenó el bolsillo del delantal.

Desde allí mismo, por toda la vera del monte inmediato y el circundante hasta la lejanía, Rienzi pudo apreciar el efecto de un frío de—9 grados sobre la vegetación tropical de hojas lustrosas y tibias. Vio los bananos **podridos** en pulpa chocolate, hundidos dentro de sí mismos como en una funda. Vio plantas de hierba de doce años—un grueso árbol en fin—, quemadas para siempre hasta la raíz por el fuego blanco. Y en el naranjal, donde entraron para una última colecta, Rienzi buscó en vano en lo alto el reflejo de oro habitual, porque el suelo estaba totalmente amarillo de naranjas, que el día de la gran helada habían caído todas al salir el sol, con un sordo tronar que llenaba el monte.

Asimismo Rienzi pudo completar su bolsa, y como la hora apremiaba se dirigieron al puerto. La chica hizo el trayecto en las rodillas de Rienzi, con quien alimentaba un larguísimo diálogo.

El vaporcito salía ya. Los dos amigos, uno enfrente de otro, se miraron sonriendo.

—*A bientôt*—dijo uno.

—*Ciao*—respondió el otro.

Pero la despedida de Rienzi y la chica fue bastante más expresiva. Cuando ya el vaporcito viraba aguas abajo, ella le gritó aún:

—¡Rienzi! ¡Rienzi!
—¡Qué, viejita!—se alcanzó a oir.
—¡Volvé pronto!

Dréver y la chica quedaron en la playa hasta que el vaporcito se ocultó tras los macizos del Teyucuaré. Y, cuando subían lentos la barranca, Dréver callado, su hija le tendió los brazos para que la alzara.

—¡Se te quemó la caldera pobre piapiá!.. Pero no estés triste. . . ¡Vas a inventar muchas cosas más, ingenierito de mi vida!

Después de leer

Vamos a continuar con los papeles de la comunidad de lectores. Los investigadores nos han dado información sobre el autor, su época y el lugar donde se ubica el cuento. Ahora vamos a integrar los otros papeles para entablar una discusión como clase. Pueden usar la pizarra para analizar el cuento y prepararse para la discusión.

A. Interpretaciones

Interpretación individual y en grupo:

1. *Primero, los que resumen*—Presenten el resumen del cuento. Hay distintos hilos narrativos en el cuento; asegúrense de presentarlos claramente.
2. *Segundo, los expertos del lenguaje*—Tienen a cargo un papel muy importante y, a la vez, difícil, porque tienen que elegir las palabras esenciales para la comprensión. También deben omitir muchas palabras, aunque sean difíciles o interesantes, porque sólo nos interesan las que aumentan nuestra comprensión del texto. Hay que elegir las más importantes para la discusión. También traten de fijarse en el estilo del escritor con respecto al uso de ciertas palabras.
3. *Tercero, los intérpretes*—Deben exponer las ideas principales del texto. ¿Cuáles son los temas—la naturaleza, las empresas, las relaciones personales y familiares? ¿Qué más?
4. *Cuarto, los moderadores*—Vinculen los temas del texto con los del mundo actual, y faciliten la conversación entre todos. ¿Qué empresas nuevas han surgido en los lugares donde vivimos? ¿Qué impacto tienen en la naturaleza? ¿Tenemos resueltos los problemas climatológicos y ecológicos donde vivimos gracias a, o a pesar de, nuestros avances tecnológicos?

B. Hablemos personalmente

1. ¿Te gusta la vida al aire libre? ¿Has pasado algunas vacaciones acampando en las montañas, lejos de la vida urbana? ¿Cambió dicha experiencia tu modo de ver la naturaleza? ¿Cómo?

2. ¿Cuál es tu perspectiva sobre la naturaleza? ¿Tenemos el derecho de alterarla o destruirla por razones de progreso y necesidad de los seres humanos: la medicina, la infraestructura, viviendas más baratas? ¿Cómo debemos tomar la decisión entre el avance humano y conservación de la naturaleza?
3. ¿Cómo clasificarías la relación entre los personajes en este texto? ¿Qué tipo de amistad tienen los dos amigos? ¿Tienes alguna amistad como la de ellos?
4. Y ¿qué papel tiene la hija de Dréver? En una vida de hombres, una vida dura, ¿qué representa la niña? Pensando en los niños ¿cómo cambia la vida de los adultos la presencia de los niños?

C. En mis palabras

1. Piensa en el último viaje que hiciste para disfrutar de la naturaleza: un día al aire libre o unos cuantos días de campamento. Escribe unos párrafos que narren la experiencia.
2. Ofrece una comparación breve entre la vida urbana y la vida del campo, basada en información paralela a la del cuento (la tecnología, la naturaleza).

Estrategias para leer: Descifrar la perspectiva y el tono

Además del significado de cada palabra en una obra, también hay otro significado más allá del texto que tiene que ver con la perspectiva particular del autor en un momento dado. Piensa otra vez en la diferencia entre el reportero y el pintor: el reportero asume un papel más o menos objetivo, o por lo menos así lo entendemos (algunos dirían que no existe la objetividad). Pero con un pintor, no existe la esperanza de objetividad. Incluso con los retratos queda la esperanza de que el pintor destaque las mejores características físicas y disminuya las peores; puede que el retrato revele algún rasgo positivo del carácter del sujeto, puede que no. Los pintores tienen fama de construir escenas conforme a su propia visión y deseo particular.

En el capítulo anterior, estudiamos la manera de escribir una narrativa dentro de un marco determinado y desde cierta perspectiva. Ahora nos toca detectar la perspectiva de los textos que leemos.

Ser lector avanzado no sólo conlleva ser un lector crítico que pueda resumir un texto; significa también identificar la perspectiva del escritor. A veces la perspectiva es obvia; otras veces no es nada explícita. ¿Cómo la desciframos?

> *La perspectiva:* Es importante recordar que existe una perspectiva. Especialmente al leer en otro idioma, conviene tener en cuenta que el trabajo no ha terminado cuando se tiene ya una idea clara de la tesis, el argumento y el apoyo. La lectura es mucho más rica con una comprensión de la perspectiva del escritor.

El tono: Buscamos palabras o cláusulas que dan una pista del tono particular. Revisa los verbos, ya que a menudo estas palabras llevan el peso del tono, al igual que los adverbios sirven para aclarar el propósito del verbo. Repasa sobretodo las palabras que usan los personajes. Pregúntate por qué el escritor escogió una palabra específica en vez de otra, cuyo significado hubiera sido un poco distinto. Por ejemplo, ¿cuál es la diferencia entre *niño, chico, mono, chaparro, chaval?* En general, ¿qué impresión crean las palabras? ¿Qué impresión crea la relación entre ellas? ¿Predomina el lenguaje formal o informal, científico, poético, chistoso?

Las oraciones: ¿Qué tipo de oraciones usa el escritor? ¿Son oraciones largas y complejas o cortas? ¿Lee partes del texto en voz alta. ¿Cómo suena?

El narrador: El narrador también influye en la perspectiva y el tono de una lectura. ¿Cómo es el narrador? ¿Está presente como uno de los personajes? ¿Es narrador omnisciente? ¿Revela alguna actitud en particular o se mantiene neutral ante el desarrollo del argumento?

El trasfondo: Vale la pena también examinar el trasfondo histórico y social del autor tanto como la información sobre sus intereses y temas típicos, tal como hacen los investigadores en nuestra comunidad de lectores.

Práctica

Repasa la lectura de Horacio Quiroga y señala las palabras o frases que indican algún tono particular. ¿Hay palabras más cargadas de significado que otras? ¿Hay imágenes comparativas? Analiza también las oraciones: ¿de qué tipo son? ¿Cuál es el tono de esta lectura en general? Escribe sobre la perspectiva que tiene el escritor, citando ejemplos del texto. Comparte tu trabajo con la clase y trata de establecer una línea de interpretación paralela.

PASO 2 ESCRIBIR POR MODELOS

La narrativa: Integrar la descripción y la narración

De niño, ¿te gustaba escuchar a otra persona contándote una historia? ¿Hay niños en tu vida ahora (hijos, sobrinos, hijos de vecinos) a quienes lees cuentos? Cuando les relatas sucesos o chistes, ¿tienes ciertas estrategias para narrar la historia de una forma dramática y comprensiva? Pensemos en el modelo del cuentista—¿qué hace para darle vida a un acontecimiento? Claro está—existen hechos que nos vemos obligados a incluir, igual que le sucede al reportero. También hacemos el papel de pintor al decidir en cada momento lo que vamos a incluir y excluir. Pero el cuentista hace algo más: sabe mezclar el lenguaje descriptivo y dinámico al contar el acontecimiento.

A continuación vamos a integrar todo lo que sabemos del modelo de un cuentista para poder escribir ensayos más elaborados, haciendo uso de todas las estrategias para leer, escribir y redactar que hemos venido estudiando. Es decir, vamos a combinar elementos de la escritura descriptiva con la narrativa para así generar una composición precisa, directa y dinámica.

Estrategias para escribir: El reportaje dramático

¡Manual! El Manual presenta un estudio de la voz pasiva, el tiempo futuro y el condicional.

Presentar una narrativa de una manera dramática conlleva la incorporación de otros aspectos de la escritura. Además del marco, el escritor cuentista trata de anticipar las reacciones de los lectores. Ya conocemos los componentes de la narrativa: orden cronológico, marco de la narrativa, el enfoque o la tesis, el trasfondo y el ambiente. Un reportaje dramático incluye también una perspectiva directa que persigue causar cierta impresión. No se trata ya del reportero que tan sólo transmite los hechos, sino de un cuentista que trata de dar toques dramáticos a lo que escribe.

¿Cómo lo hacemos? Debemos considerar las palabras que escogemos y el tono que damos al ensayo. Piensa otra vez en el cuentista: ¿Qué es lo que hace que un cuentista sea exitoso o no? A veces tenemos mala impresión de nuestra propia capacidad de relatar cuentos, sobretodo muchos de nosotros decimos que "no sabemos contar bien los relatos" mientras conocemos a otros que pueden captar la atención del público de forma fácil. Incluso cuando manejamos los mismos hechos, el éxito depende de la manera de presentarlos y relatarlos. Debemos prestar atención a las palabras y al estilo de presentación.

Las palabras: Primero, recuerda las estrategias que aprendimos en los primeros capítulos para escribir descriptivamente: el uso de adjetivos, verbos vivos, metáforas y comparaciones. Sabemos que el orden de palabras en una oración indica importancia, ya que la posición inicial y la final llaman más la atención. Piensa en cómo empezar y terminar cada oración. En cada ensayo, es necesario aplicar estas técnicas al seleccionar las palabras.

También, piensa bien en cómo presentar a los personajes. ¿Qué características queremos exponer de cada personaje? ¿Cuál es la impresión que queremos que saque el lector de cada personaje? Aún si no hay personajes, no importa; piensa igualmente en la impresión que quieras causar con cualquier contenido.

El estilo de las oraciones: El estilo es un campo que abarca las técnicas de la escritura. Por ahora, estudiamos únicamente el estilo de las oraciones. Variar la longitud y el tipo de oraciones es una forma de captar la atención del lector.

a. *Las preguntas.* El cuentista puede usar preguntas dirigidas a los lectores mismos para incluirlos en el relato.
b. *El diálogo.* El diálogo entre personajes, o a veces el monólogo del narrador, también puede ser una manera de entablar mayor intimidad con el lector. Leer un diálogo es como si estuviéramos allí en el presente, participando del acontecimiento.
c. *Declaraciones y exclamaciones.* Una declaración de voz en tercera persona es una técnica muy directa y objetiva. Es la que suelen usar los reporteros. No ocurre así con el uso de las reacciones y las exclamaciones. Normalmente estas oraciones no aparecen en reportajes. Sin embargo, al contar una narrativa dramática podemos hacer uso de exclamaciones para así romper con la rutina de oraciones declarativas. En fin, debemos tratar de variar el tipo de oración—entre interrogaciones, declaraciones y exclamaciones, hasta claúsulas fragmentadas—para captar la atención del lector. Variar la extensión de las oraciones, pasar de oraciones muy breves a otras largas, también crea una dinámica particular.

Uso del tiempo verbal: Hemos visto que el tiempo verbal afecta a la acción. Usar el tiempo presente en vez del pasado, o vice versa, afecta también el tono. Elegir entre la voz pasiva o activa es otra decisión en que pensar. Una narrativa dramática comprende la voz activa. Veremos la diferencia a continuación.

En definitiva, escribir una narrativa más compleja, una narrativa dramática, es saber controlar todos los elementos del ensayo. Es pensar en la parte interior del contenido, es decir, en los hechos en sí. Es también dar atención a su forma exterior, o sea, al impacto en los lectores y la conexión entre el contenido y la representación. No sólo es escribir, sino escribir con perspectiva y propósito.

Práctica

¿Qué hiciste hoy por la mañana? Vamos a anotar las actividades de dos formas:

a. Crea un relato de tu mañana y dale un tono negativo y pesimista. Juega con el tipo de palabras, la clase de oraciones y su orden para que el público capte este tono.
b. Ahora intenta presentar el mismo relato con un tono positivo y optimista. No cambies los hechos, sino los recursos estilísticas.

PASO 3 REDACTAR POR MODELOS

Estrategias del proceso: Escoger entre la voz pasiva y la activa

Redactar una narrativa incluye tomar la decisión crítica de cuándo usar la voz pasiva o la activa. La voz activa crea una impresión dinámica y localiza el sujeto como propio director de la acción mientras que la voz pasiva es una manera de establecer una distancia y objetividad entre el sujeto y la acción. El Manual contiene una explicación de la diferencia linguística entre ambas, acompañada de ejercicios. Por ahora, enfoquémosnos en la cuestión de estilo. Tanto los reporteros como los cuentistas se valen de ambas:

> *modelo de voz activa:* Hubo un accidente trágico de coche hoy. El Señor Málaga chocó con un autobús en la autopista #35.
>
> *modelo de voz pasiva:* Se encontraron varias personas dañadas en la calle, y una persona fue atropellada en la colisión.

Lo importante es saber la diferencia entre ambas voces para así decidir cuál sirve mejor a nuestro propósito a la hora de redactar. A veces conviene sustituir el uso de ser (y estar, tener, y hacer) por verbos activos. La voz pasiva puede dar un tono de poca vida o movimiento puesto que el sujeto recibe la acción; la voz activa, en cambio, da origen a oraciones en las que el sujeto dirige la acción.

Práctica

En el Manual estudiamos las diferencias gramaticales entre la voz pasiva y activa y practicamos con las formas. Aquí abordamos la diferencia literaria entre ambas.

Lee los primeros párrafos del cuento de Quiroga, analizando el uso de la voz pasiva y activa. Con tus compañeros, determina si hay alguna diferencia en el tono.

Claves de la composición: La redacción individual y la colaborativa

Ya hemos visto la importancia de revisar y corregir nuestros ensayos, puesto que el escribir es un proceso de generar ideas, escribir un borrador, y redactar hasta que el texto refleje nuestro propósito. Para cumplir bien con el papel de redactor ofrecemos algunas sugerencias. Revisar nuestra propia escritura y la de otra persona requiere de cierta confianza. No debe ser un proceso de enjuiciar sino un período de colaboración.

La redaccion individual: Al revisar nuestra propia escritura, debemos alejarnos un poco del material para poder evaluarlo objetivamente. Al mismo tiempo que deseamos ser dueños de nuestra voz, tenemos que adquirir la costumbre de ser autocríticos. Antes de entregarle un texto a otro compañero para que lo revise, podemos formular una lista de preguntas y áreas en las que deseamos ayuda.

La redacción colaborativa: Al leer y revisar la escritura de otra persona, debemos recordar que el propósito es ayudar a un compañero. Necesitamos darle unos comentarios honestos, incluyendo ejemplos específicos del texto. Recordemos que no es fácil compartir nuestra escritura con los demás.

La mejor manera de revisar un ensayo es por medio de la clave editorial. Al leer, hagamos preguntas según los criterios editoriales de la clave. ¿Existe una tesis clara? ¿Hay un apoyo de la tesis? ¿Es apropiado y correcto el lenguaje? ¿Es un ensayo conmovedor? Le hace falta más trabajo estilístico?

En fin, los dos, el escritor y el redactor, deben recordar que se trata de un proceso de colaboración cuyo fin es mejorar el ensayo e intercambiar sugerencias. De ahí que tanto el escritor como el redactor deben tomar la iniciativa de entablar una discusión comprensiva del texto.

Estrategias para editar: La clave editorial repensada

Ahora que hemos visto maneras de escribir que abarcan la descripción y la narración, pensemos de nuevo en nuestra clave editorial. La que veníamos usando sirve bien para identificar los componentes básicos de un ensayo, pero no capta todo lo que hemos aprendido sobre cómo leer, escribir y redactar. La clave editorial sirve para representar las tres áreas que repasamos al editar un ensayo: el contenido, el estilo y la forma de lenguaje. También podemos evaluar un ensayo según estas cuatro categorías:

1. El propósito del escritor: ¿Ha expuesto bien el tema y la tesis?
2. El desarrollo y la organización de la trama.
3. El lenguaje seleccionado en términos de la perspectiva y el tono deseado.
4. El uso correcto del lenguaje (la gramática).

¡Manual! En el Manual, hay un modelo de una clave editorial que pueden analizar y editar según las metas de la clase. Además, hay unos ensayos de otros escritores con los cuales pueden practicar la nueva clave editorial.

PASO 4 CREAR NUESTROS MODELOS

Con tu ensayo de este capítulo quieres presentar una narrativa dramática. Como cuentistas, tomamos decisiones sobre el contenido, el estilo y el lenguaje. Al escribir el ensayo, lo importante es incorporar las ideas de los modelos y las estrategias aprendidas al ensayo. El ensayo debe tener un tema, una tesis y un apoyo apropiado.

1. Narra algún suceso de un viaje reciente que hayas hecho por la naturaleza y compara la vida del campo con tu vida diaria.
2. Compara la vida a principios del siglo XX (la época del cuento de Quiroga) y nuestra vida a principio del siglo XXI.

Lista de verificación para entregar con el ensayo.

¡OJO! Antes de entregar:

1. ____He hecho una escritura libre y varios borradores.
2. ____He creado un título y una primera oración apropiados.
3. ____He decidido una perspectiva.
4. ____Hay una tesis y apoyo consistente con el tema y la perspectiva.
5. ____He decidido un tiempo verbal y una voz activa o pasiva.
6. ____La separación y las transiciones entre párrafos tienen sentido.
7. ____He practicado la selectividad con la precisión y la concisión.
8. ____He prestado atención tanto al contenido como al estilo del ensayo.
9. ____Pensando en la clave editorial, he prestado atención a los aspectos de la organización, el estilo y la gramática.

GLOSARIO

Quiroga, "Los fabricantes de carbón"

el aprendizaje: proceso de aprender cualquier conocimiento
buen augurio: señal de que habrá buena suerte
caldera para fabricar carbón: una olla en que se preparaba el carbón
la calefacción: la manera de calentar la casa
el carbón: madera o leña quemada para hacer un fuego
el ceño: la frente de la cara, generalmente arrugada
cero grado: en centígrados la temperatura a que congela el agua
la destilación: un proceso para extraer impurezas
ensayar: intentar
goloso: amante de los dulces
(el) **grueso chorro:** expulsión de alguna sustancia en gran cantidad

(una) **gruesa tormenta:** muchísima lluvia
helarse: convertirse el agua en sólido, pasar mucho frío
se había hundido (hundirse): se había destruido
el horno: el lugar de temperatura alta, para hacer carbón
la leña: la madera que se usa en la chimenea o el horno
el machete: un cuchillo grande
(el) **palo noble:** buena leña
los paños: las telas
pesaba (pesar): el peso que tenía
podridos: vegetales o frutas pasados de tiempo
la renta: las ganancias
un rictus: una sonrisa fija
soportaba (soportar): toleraba, resistía
el sulky: un carruaje tirado por el caballo
se taparon (tapar): se cubrieron
la tregua: pausa en una guerra, alto al fuego
tubo de escape: un cilindro hueco que permite escaparse el humo
vigilar: atender, supervisar
una yarará: una serpiente venenosa

Capítulo 7

Escritor crítico

Modelos: Escritor crítico

Ahora pasamos del mundo de la descripción y la narración al mundo de la argumentación. En los primeros capítulos nos hemos concentrado en el desarrollo de las ideas de una manera lógica para que se entienda claramente lo que deseamos comunicar. El próximo paso lógico es examinar el propósito de la escritura. El cuentista tiene un propósito implícito; ahora veremos modelos escritos con un propósito explícito, y en este capítulo y el siguiente examinaremos el estilo del crítico y del abogado.

Empezamos con el crítico. En cierta forma, todos somos críticos por naturaleza. Cada vez que leemos, vemos una película o hacemos comentarios sobre un curso, por ejemplo, ofrecemos una opinión sobre la experiencia. En los periódicos siempre publican editoriales sobre la sociedad y reseñas críticas de un nuevo disco de un grupo musical, un concierto o una obra teatral. El papel del crítico es conocer el tema lo mejor posible y ofrecer comentarios, bien pensados, sobre el mismo. Debe brindar una crítica informada en vez de una simple opinión.

Modelos de lectura:
- elementos de una reseña
- crear preguntas de discusión

Modelos de escritura:
- hacer escritura crítica
- la reseña

Manual de gramática:
- el subjuntivo y el indicativo

Manual de redacción:
- distinguir entre resumen, opinión y crítica

PASO 1 LEER POR MODELOS

Modelo 1: Julio Camba, "La flauta y el trombón"

Comunidad de lectores.

Esta vez deben hacer un papel que no hayan hecho hasta ahora. En casa todos deben continuar con la tarea de analizar los elementos de la lectura y sacar las ideas principales.

INVESTIGADORES:

a. Busquen información sobre el escritor Julio Camba y su vida. ¿Qué ocurrió en España a principios de siglo XX? ¿Qué pueden encontrar sobre la región de Galicia y cómo se diferencia de otras regiones de España?
b. Investiguen y preparen un reportaje sobre el cine mudo y la evolución del cine. ¿Cuándo pasamos de películas en blanco y negro a películas en color? ¿Cuándo se añadió el sonido a las películas? (Para discutir: ¿es apropiado describir tales cambios como "evolución" ?)
c. Busquen una película de cine mudo para mostrar en la clase.

Antes de leer

Nacido en Galicia, Julio Camba (1882–1962) fue periodista de profesión, escritor de bosquejos humorísticos y, a veces, autor de caricaturas, no sólo de los españoles sino de otros europeos. Camba, con un ojo acertado, capta la esencia de las características particulares del pueblo que describe. El texto que leemos a continuación tiene que ver con uno de los medios más populares del mundo, el cine. En la época en que escribe Camba el cine consistía en un medio innovador, tal vez tan impactante en su época como lo es la computadora en la nuestra. Para Camba, el cine sobresale por su poder de captar el interés de cualquier espectador, pero sólo si es cine mudo. Según Camba, el cine mudo ofrece un "vocabulario" comprensible para cualquier espectador de cualquier país.

Camba presenta la cuestión de un arte universal. Al leer esta selección piensa si se puede justificar el cine mudo como uno de los candidatos ideales para ser considerado un arte universal. Hay que tener en cuenta que para Camba el cine mudo es el natural porque llegó antes del cine sonoro.

"La flauta y el trombón"

El cine sólo fue un arte verdaderamente universal en sus comienzos, pero tan pronto como la ciencia logró **otorgarle el don** de la palabra, le quitó toda su universalidad. Fue universal como son universales los niños, a quienes entiende siempre todo el mundo mientras no rompen a hablar y los que, en cuanto aprenden a decir las cosas en un idioma cualquiera, se hacen completamente ininteligibles en todos los otros.

Es cierto que el cine mudo necesitaba frecuentemente **el auxilio** de unas explicaciones habladas, pero el cine hablado, a su vez, necesita, casi siempre, apoyar su acción en unos letreros **mudos** y, excepto en los países de origen de las películas, el espectador cinematográfico no tiene más remedio que ayudarse con los letreros o ayudarse con el doblaje. ¿Qué qué es **el doblaje?** Pues el doblaje es un truco muy ingenioso en virtud del cual cuando la Greta Garbo dice, por ejemplo, "¡caracoles!", el espectador oye "¡ranas!", y cuando dice "¡ranas!" el espectador oye "¡caracoles!" No han oído ustedes hablar nunca de una persona que le quita a otra las palabras de la boca? Pues eso es, exactamente, lo que hacen los ingenieros del sonido con la Greta Garbo y demás **estrellas del cine.** Les quitan las palabras de la boca, las vuelven del revés y se las ponen otra vez dentro.

El efecto, muchas veces, es igual al que nos producirá una flauta de la que oyésemos salir un redoble de tambor o un trombón que sonase como una ocarina, pero, hasta ahora, no se ha encontrado aún mejor procedimiento para darle algo de universalidad al cine hablado.

Yo, la verdad, preferiría el cine mudo. Eso de que un actor o una actriz hagan todos los movimientos bucales necesarios a la pronunciación de las palabras "good bye" y luego resulte que lo que dicen es "adiós, muy buenas!", me parece algo así como si un sastre tomase cuidadosamente **las medidas** de **una americana** y después me hiciese con ellas un par de pantalones. Generalmente las palabras le entran a uno por los ojos tanto como por los oídos, y cada idioma tiene unas expresiones faciales que no es posible armonizar casi nunca con las palabras de los otros idiomas; pero ya no hay manera de volver al cine mudo y tendremos que aceptar el doblaje como un mal necesario.

¡Qué le vamos a hacer! "¡Dichosos los animales—decía nuestro Larra—porque ellos, como no hablan, se entienden!" ¡Dichosos los personajes del cine mudo—diremos nosotros a nuestra vez—porque, no pudiendo expresarse en ningún idioma, eran comprendidos **por igual** en todos los países del mundo!

Después de leer

A. Interpretaciones

Interpretación individual y en la comunidad de lectores:

1. El título representa metafóricamente el cine mudo y el hablado. Señala la perspectiva de Camba para justificar el cine mudo como un arte universal y relaciona esta perspectiva con el título.
2. ¿Cuál es el tema de Camba? ¿Cuál es la tesis? ¿Cuáles son los puntos de apoyo?
3. Comparte con otros compañeros la tesis y los puntos principales. ¿Hay diferencias entre las interpretaciones de los compañeros? ¿Hay posibilidad de ponerse de acuerdo?
4. ¿Conocen Uds. el cine mudo? Aunque no lo conozcan, les parece un argumento sensato clasificar el cine mudo como un arte universal? Señalen puntos a favor o en contra de tal argumento. Estamos acostumbrados a ver películas o programas de televisión con sonido (las palabras, la música y los efectos especiales). Sin embargo, piensen en si puede existir alguna imagen universal. ¿Son universales ciertas imágenes que vemos en la televisión, por ejemplo?

Tarea para toda la comunidad (los investigadores ya empezaron el diálogo):

1. *Los que resumen*—¿Cuál es la tesis de Camba?
2. *Expertos del lenguaje*—Escojan ciertas palabras, defínanlas y expliquen por qué escogieron ésas.
3. *Intérpretes*—¿Pueden ofrecernos otros temas basados en este ensayo? Expliquen la metáfora de los instrumentos y lo que representa para los lectores.
4. *Moderadores*—Piensen en temas posibles para un trabajo escrito basado en este ensayo. Debatan si están de acuerdo o no con Camba acerca de su preferencia por el cine mudo. Otro posible tema de debate es si toda forma de arte representa únicamente una cultura en específico o si existe un arte universal. Por ejemplo, ¿es la música salsa únicamente un arte regional o puede llegar a ser una expresión universal?

B. Hablemos personalmente

1. Entre las distintas artes: la música, el arte visual (pintura, video), las artes plásticas y decorativas y la literatura, ¿cuál te interesa más? Teniendo en cuenta la presentación de Camba, ¿encuentras entre estas distintas artes, una o varias que te parezcan más universales que las demás? ¿Qué opinas del arte abstracto en la pintura? En definitiva, ¿existe un arte universal o cambia según la cultura?
2. ¿Se puede considerar los videos de rock como de una de las artes universales? Pensando en el rock, que ha dado la vuelta al mundo, ¿es un arte universal o cambia el rock según el país en que se toca? ¿Es posible que la música tenga tanta atención universal porque no depende de las palabras sino del sonido, igual que propone Camba sobre el cine mudo?

3. ¿Cuáles son tus gustos personales en cuanto al arte? ¿El cine? ¿Qué papel cumplen en tu vida? Discute tus gustos artísticos con los demás compañeros.

C. En mis palabras

Escoge uno de los puntos de la discusión anterior y escribe un párrafo introductorio como si fuera el principio de un ensayo argumentativo. Piensa en puntos de apoyo para tu argumento. Luego comparte y discute tus ideas con los demás.

Estrategias para leer: Preguntas de discusión

Leer bien no es sólo leer las palabras. Ya se ha visto que la lectura debe ser crítica y atenta a los varios niveles de un texto. También debemos pensar al leer; es decir, debemos leer activamente, preguntándonos por el contexto de la lectura, el propósito del escritor, y la conexión entre el texto y nuestra vida. Leer, en fin, no es trabajo fácil. Merece mucha atención y un ojo crítico.

Una forma de comprender mejor el texto, establecer una conexión entre el texto y la vida de hoy en día, y prepararnos bien para el análisis del texto en clase es generar varias preguntas de discusión sobre la lectura. Hay tres tipos de preguntas:

1. *Preguntas de hecho*— Estas preguntas se basan en los hechos del texto. Exigen una respuesta precisa y particular. Este es el tipo de pregunta con el que partimos al iniciar cualquier lectura. No son preguntas muy productivas en una discusión de ideas, pero sí son esenciales para la comprensión.
2. *Preguntas de interpretación*—Estas preguntas tienen que ver con las ideas en el texto. No tienen una respuesta fija; más bien las respuestas varían según la interpretación de los sucesos en un texto. Son preguntas muy importantes para el análisis del texto, ya que permiten una discusión a varios niveles.
3. *Preguntas de evaluación*—Estas preguntas son de opinión personal; son juicios sobre el texto. No tienen respuestas concretas porque se basan más bien en la opinión del lector que en el texto. Sirven para describir la reacción personal hacia el texto y para empezar la discusión sobre temas de hoy en día, pero al mismo tiempo deben de mantener una conexión al texto.

Veamos algunos ejemplos de las tres preguntas a través del ensayo de Camba:

a. pregunta de hecho: ¿Qué es el doblaje?
b. pregunta de interpretación: ¿Cómo ha afectado al cine el doblaje?
c. pregunta de evaluación: Para nosotros, hoy en día, ¿es útil el doblaje?

Debes intentar distinguir entre estas tres maneras de analizar el texto, preparar una lectura crítica, y especialmente intentar formular preguntas de interpretación.

Práctica

Basado en el texto de Camba o el de Quiroga del capítulo anterior, genera dos preguntas de cada tipo: de hecho, de interpretación y de evaluación.

Modelo 2: Alejo Carpentier, "Los hallazgos de un director"

Antes de leer

Investigadores: Sería útil presentar información tanto sobre Carpentier como de la película, *The Third Man.*

Alejo Carpentier (1904–1980), escritor cubano de novelas y ensayos, tenía un conocimiento profundo de la música y escribió muchos ensayos sobre la música cubana. Después de la revolución cubana de 1959, apoyó al nuevo gobierno de Fidel Castro y ejerció el cargo de ministro en Europa.

Volvemos al cine, pero esta vez al cine sonoro. El tema es la música en el contexto de una película y cómo la misma aporta otros elementos para "subrayar" lo que pasa en la pantalla. Claro, el cine mudo también se aprovechó de la música para dramatizar los momentos emocionantes, pero era una técnica sencilla: alguien tocaba el piano o el órgano en vivo durante la película. Ahora la música tiene un papel de más importancia en las películas y el director combina, de la manera deseada, todos los elementos auditivos en la película misma.

"Los hallazgos de un director"

Entre las muchas rutinas técnicas que han contribuido a la casi general monotonía de la producción cinematográfica de estos meses, está la rutina de la "música para películas". Los compositores de Hollywood—entre los cuales hay, sin embargo, hombres **habilísimos**—se han atado a un pequeño número de fórmulas, que se reducen a poner música de **angustia** en los momentos angustiosos, música **idílica** en las escenas de amor, y música galopante en los asaltos de diligencias. Para las películas de marcianos, se usan instrumentos de sonido raro, como el aparato de ondas Marthenot; para los argumentos religiosos, se echa mano al *Ave María* de Schubert. . . Todo muy bien instrumentado, muy eficiente, perfectamente sincronizado. Pero, al fin y al cabo, música que nadie escucha y que, por lo mismo, podría ser para dos películas de argumentos análogos.

Parece, a primera vista, que el público no se diera cuenta de lo rutinario del procedimiento; que los problemas de la música cinematográfica sólo fuesen cosa que interesara a los técnicos. Pero hay un hecho cierto: de pronto, cansado de efectos consabidos, un director tiene la idea feliz de acompañar una película (*El tercer hombre*) con un solo de cítara, y ese solo de cítara causa una verdadera sensación en el mundo entero. La única melodía tocada en el añejo instrumento se fija en todas las memorias. El ejecutante, ayer desconocido, es invitado a grabar discos con las mejores firmas. La cítara sale del desván de las abuelas, para ponerse nuevamente de moda. . .

¿Qué ha pasado? Sencillamente que un director, por una vez "ha tenido una idea" en lo que se refiere al aspecto musical de su película. Ha roto con la suntuaria rutina de las orquestas de estudio, con su música triunfal para acompañar **los titulares,** y sus acordes inequívocamente conclusivos para cerrar la acción sobre la imagen del león que ruge.

Así, aunque sus hallazgos no son de orden estrictamente musical, Julien Duvivier, en su película *Bajo el cielo de Paris,* también nos resulta un hombre "que tiene ideas" en cuanto a la sincronización de imágenes y sonidos. Su linda producción está llena de hallazgos. Hallazgo, por ejemplo, es el ruído que llena los oídos del joven estudiante de medicina, en la escena del examen; hallazgo es el silencio absoluto que acompaña la secuencia de los choferes parisienses agotando los insultos del vocabulario, en torno al conductor que ha cerrado el tránsito con un diminuto automóvil. Más sobre todo, donde la asociación Jean Wiener-Duvivier se ha mostrado extraordinaria, es en la escena de la operación quirúrgica cuando un hombre, víctima de **un disparo,** queda muerto en la mesa de operaciones. Hasta aquel momento, el latido de su corazón se ha hecho sensible, para el público, mediante una isócrona batería y timables. Poco a poco, la percusión se hace más leve, más espaciada.

Y, de pronto, cesa. Y es el silencio, impresionante como una imagen real de la muerte. . . Pero un joven cirujano logra entonces la extracción del proyectil, y procede al masaje del corazón. Y en el silencio angustioso, se escucha, de repente, el pulso que renovado vuelve a cobrar su ritmo vital. . .

Desde el punto de vista del efecto sonoro logrado, de la acción psicológica sobre el espectador, ese fragmento de *Bajo el cielo de Paris* puede considerarse como un trozo antológico.

5 de septiembre de 1952.

Después de leer

A. Interpretaciones en la comunidad de lectores

1. *Los que resumen*—Presenten las ideas claves del ensayo.

2. *Expertos del lenguaje*—Discutan con el grupo las palabras esenciales y expliquen por qué escogieron esas palabras.
3. *Intérpretes*—Saquen los temas principales de Carpentier. Discutan su impresión de si Carpentier tiene razón con su idea del impacto que tiene la música en los espectadores.
4. *Moderadores*—Prepárense para facilitar la discusión sobre el ensayo de Carpentier y los temas discutidos. Discutan el papel que ejerce la música en el cine hoy en día. Incluyendo las ideas sobre los avances tecnológicos, ¿es importante tener música en una película?

B. Hablemos personalmente

1. Compara los ensayos de Camba y Carpentier. Cuando vas al cine, ¿prestas atención a la selección de música de la película? ¿Te importa la calidad del sistema auditivo que tiene un cine? ¿Dejarías de ir a ver una película si el cine no tuviera un buen sistema de audio?
2. ¿Ha cambiado el papel de la música en las películas? Unos dicen que ahora la música es tan importante que sin una buena banda sonora las películas no tendrían éxito. Muchas veces se vende la música de forma separada en discos compactos. A veces los grupos musicales salen en las películas, convirtiendo muchas escenas en una parte del video musical. ¿Debiera tener la música tanta importancia? ¿Ayuda o perjudica a la película? ¿Cómo?

C. En mis palabras

1. Escribe tus opiniones sobre la función que cumple la música en el cine de hoy en día.
2. Comparte tu opinión y los puntos de argumento con otros. Determina si el apoyo que tú y los otros dan es suficiente o no.

PASO 2 ESCRIBIR POR MODELOS

La argumentación: Escritor crítico

Nuestras exploraciones por la escritura narrativa nos llevan ahora a la escritura argumentiva o expositora. Adentrémonos más en el campo de la subjetividad; no significa dejar a un lado los hechos concretos, sino usar los hechos para convencer a los lectores de nuestra opinión. Al escribir una reseña, el escritor crítico no sólo explica la trama, sino que también intenta expresar sus ideas sobre la obra. Los críticos de arte, de música o de cine tienen un propósito común: persuadir a los lectores. Examinan el contenido, el estilo y la representación. Forman comparaciones con otras obras de modo que deben estar bien informados, y expresan una opinión basada en su propio análisis. Es decir, usan el material objetivo para escribir de forma subjetiva sobre el contenido. Veamos las estrategias para escribir una argumentación.

Estrategias para escribir: La reseña

¡Manual! El Manual nos presenta un estudio de los modos verbales, el subjuntivo y el indicativo, y el uso de conjunciones.

Un escritor crítico presenta un análisis sobre cierto tema. Su forma de presentación es la reseña, que consiste en un análisis de los aspectos positivos y negativos de una obra. Una buena reseña conlleva los siguientes requisitos:

1. *Conocer bien el contenido*—Lo principal en una reseña es entender los elementos de un texto (tiempo, personajes, trama, tema, contexto). En una reseña se representan (se resumen) los hechos de manera objetiva. Recordemos como el reportero evita tomar partido. Una vez relatado el contenido (el qué de la obra), pasamos a evaluar el estilo y la presentación (el cómo de la obra).
2. *Entender bien el contexto de la obra*—Una reseña también es más creíble si el crítico conoce bien el campo, o por lo menos, se defiende en una discusión sobre el tema. Hay que conocer el vocabulario asociado con el tema, por ejemplo.
3. *Ganarse a los lectores*—Muchas veces, el crítico empieza con los hechos menos discutibles para ganarse la confianza del lector. Recuerda que el propósito es persuadir al lector sobre un punto de vista. Por lo tanto, es más fácil empezar con ideas asequibles y luego dirigirse a las ideas más controvertidas.
4. *Exponer buenos puntos de apoyo de cualquier opinión*—Una vez formulada la evaluación de la obra, hay que incluir apoyo suficiente en defensa de dicha opinión. Muchas veces, la reseña incluye puntos positivos y negativos hacia la obra, presentados de forma neutral, y luego el autor ofrece su opinión concluyente.

Práctica

1. Vuelve a leer los ensayos de Camba y Carpentier. Fíjate en qué medida cumplen con los requisitos anteriores. ¿Cómo presentan los hechos? ¿Cómo se mueven desde la presentación de hechos objetivos a la formulación de una opinión subjetiva? ¿Qué hacen para ganarse la confianza de los lectores?
2. Piensa en una obra de arte, de música, de literatura o de cine. Sigue los pasos de arriba para crear un bosquejo de una reseña. Comparte tu trabajo con la clase y pídeles ayuda para ampliar tu bosquejo.

PASO 3 REDACTAR POR MODELOS

Estrategias del proceso: Encontrar las ideas para el análisis comparativo

¿Cómo formamos una opinión? ¿Cómo aprendemos a evaluar y juzgar, especialmente cuando todos tienen sus gustos particulares? ¿En que consiste la evaluación?

Una manera de formar opiniones es usar la técnica de la comparación. Para saber nuestra reacción frente a una obra, sea texto u otra forma, lo mejor es compararla con otras obras parecidas. Al comparar las dos obras, aumentamos el contexto, lo cual nos permite crear nuestro propio punto de referencia y llegar a un entendimiento común del tema. Hay que tener cuidado de que la comparación se base en temas parecidos, como en los ensayos de Camba y Carpentier, que ambos tratan el tema del sonido en las películas. Al comparar películas del cine mudo con las películas sonoras de hace unas décadas, y con películas contemporáneas, aclaramos las diferencias y desarrollamos nuestra evaluación.

Para efectuar comparaciones, recordemos lo estudiado en el capítulo dos sobre el uso de comparaciones en la escritura descriptiva. Podemos iniciar una reseña siguiendo estos pasos:

1. Piensa en el tema y luego en el contexto más amplio del tema. Si el tema es una película, por ejemplo, piensa en otras películas del mismo género y de la misma época.
2. Haz una lista de los elementos básicos que hemos estudiado (el tiempo, los personajes, el ambiente, el lenguaje), dejando espacio para dos columnas más.
3. Haz otra columna al lado de la lista. Anota todas las películas que se te ocurran y enumera las semejanzas y las diferencias entre ellas.
4. Haz otra columna al lado de la segunda. Ofrece una evaluación rápida comparando lo positivo y lo negativo de las semejanzas y diferencias.

Claves de la composición: Lenguaje específico; evitar las generalizaciones

Las reseñas y los argumentos defendibles dependen tanto del estilo como del contenido. El material debe ser presentado de forma lógica y directa para que el lector siga fácilmente el hilo del argumento. Ganarse la confianza del lector requiere un lenguaje enfático y seguro, y una forma elegante y precisa. Se debe evitar el uso de generalizaciones.

Toda oración dentro de un párrafo debe estar conectada con la oración temática del párrafo y debe tener un propósito. Las oraciones de ideas generales no comunican nada y malgastan la energía del lector. Una generalización es una oración que se refiere al mundo universal, que trata de una idea común y sabida. Veamos estos modelos:

generalización: Las películas son interesantes e importantes.

idea específica: Las películas de hoy en día demuestran los avances tecnológicos en términos del sonido estereofónico, la cinematografía y las películas de dibujos animados.

generalización: Todos deben mantener una vida sana.

idea específica: Seguir un régimen sin mucha grasa y hacer ejercicio regularmente sirven para mantener la salud del corazón y el cuerpo.

Toda oración que no añada nueva información ni apoye el argumento deber ser cambiada u omitida por completo.

Práctica

1. Convierte estas generalizaciones en oraciones con próposito cierto.
   a. La música es muy importante en la vida.
   b. Los coches son útiles en el mundo de hoy en día.
   c. El papel de los padres en la vida de los niños debe recibir mayor atención.
   d. Los gastos mundiales dañan al medioambiente.
   e. Los juegos de video ofrecen muchos beneficios a las personas de cualquier edad.

Estrategias para editar: Distinguir entre el resumen, la opinión y la crítica

¡Manual! Ahora que estudiamos cómo balancear varios tipos de escritura, es útil asegurarnos de la diferencia entre el resumen, la opinión y la crítica. Cada cual tiene su propio propósito. Veamos si la escritura estudiantil alcanza el balance apropiado y está libre de generalizaciones.

PASO 4 CREAR NUESTROS MODELOS

Teniendo presente las técnicas que emplean los buenos críticos, escribe un ensayo crítico, una reseña o una carta al editor de un periódico. Evita presentar simplemente un resumen; concéntrate en incluir sólo lo esencial del contenido. Lo ideal es ofrecer una opinión informada basada en los hechos, los cuales deben aparecer de una forma lógica. El propósito es convencer al lector de tu opinión y exortarlo a que tome una decisión basada en tu información. Escoge entre los siguientes temas:

1. *La reseña*—Prepara una reseña sobre alguna obra que escojas (película, libro, programa de televisión).
2. *La carta al editor*—Prepara una carta al editor del periódico del campus sobre un tema corriente de la universidad. Primero, presenta el problema y luego ofrece la crítica, definiendo los diversos aspectos del problema. Finalmente, ofrece tu opinión acerca de la situación.
3. *Arte universal*—Ofrece tu propia crítica sobre la cuestión del arte universal. Siguiendo los modelos de Camba y Carpentier, discute la importancia de la música o de la imagen en nuestro mundo actual.

Lista de verificación para entregar con el ensayo.

¡OJO! Antes de entregar:

1. ____ He hecho una escritura libre y varios borradores.
2. ____ He creado un título y una primera oración apropiados.
3. ____ He decidido una perspectiva.
4. ____ Hay una tesis y apoyo consistente con el tema y la perspectiva.
5. ____ La selección de tiempo verbal y de voz sirve el propósito.
6. ____ La separación y las transiciones entre párrafos tienen sentido.
7. ____ He practicado la selectividad con la precisión y la concisión.
8. ____ He evitado las generalizaciones.
9. ____ He distinguido entre resumen, opinión y crítica.
10. ____ He prestado atención tanto al contenido como al estilo del ensayo.
11. ____ Pensando en la clave editorial, he prestado atención a los aspectos de la organización, el estilo y la gramática.

GLOSARIO

Camba, "La flauta y el trombón"

una americana: saco de "sport"
un auxilio: una ayuda
el doblaje: en la película hablada, sustituir el idioma
el don: el regalo
las estrellas del cine: los grandes actores
la flauta: un instrumento musical de viento
las medidas: crear un vestido sobre la talla de alguien
mudos: no hablados
otorgarle (otorgar): darle
por igual: de la misma manera

Carpentier, “Los hallazgos de un director”

angustia: ansiedad
cítara: un instrumento musical de cuerda
un disparo: un tiro con una pistola
habilísimos: personas que son muy buenas en su profesión
idílica: algo ideal
titulares: título e información al principio de la película

Capítulo 8

Escritor abogado

Modelos: Escritor abogado

Seguimos con nuestra exploración de la escritura argumentativa, pasando ahora al modelo del abogado. ¿Cuál es el oficio del abogado? ¿Conoces la profesión del abogado por experiencia personal o por las imágenes que has visto en la literatura, el cine y la televisión? ¿Cuáles son las obligaciones típicas de un abogado?

Hemos visto la importancia de tener una perspectiva particular y de presentar una opinión documentada. El modelo del abogado sirve para ir más alla. Los abogados tienen el trabajo de descubrir los hechos, escuchar a los testigos, investigar el trasfondo y presentar cierta interpretación o argumento que convenza al juez o al jurado. Al crear un argumento, entonces, es necesario saber bien cuál es el propósito que persigue, convencer a alguien de algo o no. Para convencer a alguien, hay que crear un argumento defendible, basado en razones lógicas. Y aún más importante, se debe tener en cuenta la perspectiva y el argumento de los posibles oponentes.

Modelos de lectura:
- analizar los elementos del argumento
- juzgar un argumento

Manual de gramática:
- el infinitivo y el gerundio
- las conjunciones
- el subjuntivo y la subordinación

Modelos de escritura:
- establecer un argumento defendible
- la hipótesis

Manual de redacción:
- variedad de oración (la coordinación y la subordinación)
- la introducción y la conclusión

PASO 1 LEER POR MODELOS

Modelo: Carmen Naranjo, "Y vendimos la lluvia"

Comunidad de lectores.

En este capítulo, proponemos un papel más amplio para cada miembro de la comunidad. Mientras cumplimos con nuestros papeles y preparamos el material para la clase, no lo hagamos sólo de forma neutral; es decir, cada miembro debe preparar su tarea individual pensando en el abogado y en un posible argumento. Por ejemplo, al buscar información piensa en cómo encaja con los puntos de estudio. ¿Qué opinión tienes sobre los hechos presentados? Y no dejes de hacer las preguntas de interpretación.

INVESTIGADORES:

a. Busquen información sobre la escritora Carmen Naranjo, su vida y su época.
b. También busquen información sobre Costa Rica. Este país del "tercer mundo" ha experimentado una historia fascinante. ¿Qué significa ser parte del tercer mundo? Investiguen información sobre Costa Rica, su historia y su estado presente. Pueden incluir información tanto del ecoturismo y el medioambiente, como de su historia en el desarrollo político de la América Central.

Antes de leer

Carmen Naranjo (1931–), nacida en Costa Rica, cursó la carrera universitaria en la Universidad de Costa Rica. Es escritora no sólo de narrativa, sino también de poesía. Sin embargo es más conocida por su obra narrativa. El tono irónico y su perspectiva le ofrecen al lector una visión mordaz de los problemas económicos y ecológicos de los países del tercer mundo.

Primero considera el título mismo. No se refiere a vender agua, sino lluvia. Hay que pensar en qué significa vender lluvia. ¿Qué consecuencias traería vender la lluvia? ¿Hay un monopolio de la lluvia? ¿Qué pasaría si ocurriera un período de sequía grave?

Antes de leer por completo el cuento, leamos los dos primeros párrafos para sacar una idea de su manera de presentar las ideas. Abunda el uso del subjuntivo—¿qué indica? ¿Qué deducimos del tono y del estilo de esta escritora?

"Y vendimos la lluvia"

¡Qué jodida está la cosa!, eso fue lo único que declaró **el ministro de hacienda,** hace unos cuantos días, cuando se bajaba de un jeep después de setenta kilómetros en caminos llenos de polvo y de humedad. Su asesor agregó que no había un centavo en caja, **la cola de las divisas** le daba cuatro vueltas al perímetro de la ciudad, **el Fondo** tercamente estaba afirmando no más préstamos hasta que paguen intereses, recorten el gasto público, congelen los salarios, aumenten los productos básicos y disminuyan las tasas de importación, además quiten tanto subsidio y las instituciones de beneficios sociales.

Y el pobre pueblo exclamaba: ya ni frijoles podemos comprar, ya nos tienen a hojas de rábano, a plátanos y a basura, aumentan el agua y el agua no llega a la casa a pesar de que llueve diariamente, han subido la tarifa y te cobran excedentes de consumo de un año atrás cuando tampoco había servicio en las cañerías.

¿Es que a nadie se le ocurre en este país alguna pinche idea que solucione tanto problema?, preguntó el presidente de la república que poco antes de las elecciones proclamaba que era el mejor, el del pensamiento universitario, con doctorado para el logro del desarrollo, rodeado de su meritocracia sonriente y **complacida,** vestida a la última moda. Alguien le propuso rezar y pedir a La Negrita, lo hizo y nada. Alguien le propuso restituir a la Virgen de Ujarrás, pero después de tantos años de abandono la bella virgencita se había vuelto sorda y no oyó nada, a pesar de que el gabinete en pleno pidió a gritos que iluminara un mejor porvenir, una vía hacia el mañana.

El hambre y la pobreza ya no se podían esconder: gente sin casa, sin un centavo en el bolsillo, acampaba en el parque central, en el parque nacional, en la plaza de la cultura, en la avenida central y en la avenida segunda, **un campamento de tugurios** fue creciendo en la sabana y grupos de precaristas amenazaban con invadir el teatro nacional, el banco central y toda sede de la banca nacionalizada. El Seguro Social introdujo raciones de arroz y frijoles en el recetario. Un robo cada segundo por el mercado, un asalto a las residencias cada media hora. Los negocios sucios inundaron a la empresa privada y a la pública, la droga se liberó de controles y pesquisas, el juego de ruletas, naipes y dados se institucionalizó para lavar dólares y atraer turistas. Lo más curioso es que las únicas rebajas de precio se dieron en el whisky, el caviar y varios otros artículos de lujo.

El mar de pobreza creciente que se vio en cuidades y aldeas, en carreteras y sendas, contrastaba con más Mercedes Benz, Beemedobleu, Civic y el abecedario de las marcas en sus despampanantes últimos modelos.

El ministro declaró a la prensa que el país se encontraba **al borde de la quiebra:** las compañías aéreas ya no daban pasajes porque se les debía mucho y por lo tanto era imposible viajar, además la partida de viáticos se agotó, ¿se imaginan lo que estamos sufriendo los servidores públicos?, aquí encerrados, sin tener oportunidad de salir por lo menos una vez al mes a las grandes ciudades. Un presupuesto extraordinario podía ser la solución, pero los impuestos para los ingresos no se encontraban, a menos que el pueblo fuera comprensivo y aceptara una idea genial del presidente de ponerle impuesto al aire, un impuesto mínimo, además el aire era parte del patrimonio gubernamental, por cada respiro diez colones.

Llegó julio y una tarde un ministro sin cartera y sin paraguas vio llover, vio gente correr. Si aquí llueve como en Comala, como en Macondo, llueve noche y día, lluvia tras lluvia como en un cine con **la misma cartelera, telones de aguacero** y la pobre gente sin sombrilla, sin cambio de ropas para el empape, con esas casas tan precarias, sin otros zapatos para el naufragio, los pobres colegas **resfriados,** los pobres diputados afónicos, esa tos del presidente que me preocupa tanto, además lo que es la catástrofe en sí: ninguna televisora transmite, todas están inundadas, lo mismo que los periódicos y las radioemisoras, un pueblo sin noticias es un pueblo perdido porque ignora que en otras partes, en casi todas, las cosas están peores. Si se pudiera exportar la lluvia, pensó el ministro.

La gente, mientras tanto, con la abundancia de la lluvia, la humedad, la falta de noticias, el frío, el desconsuelo y hambre, sin series ni telenovelas, empezó a llover por dentro y a aumentar la población infantil, o sea la lucha porque alguno de los múltiples suyos pudiera sobrevivir. Una masa de niños, desnuda y hambrienta, empezó a gritar incansablemente al ritmo de un nuevo aguacero.

Como se reparó una radioemisora, el presidente pudo transmitir un mensaje, heredó **un país endeudado** hasta el extremo que no encontraba más crédito, él halló la verdad de que no podía pagar ni intereses ni amortización, tuvo que despedir burócratas, se vio obligado a paralizar obras y servicios, cerrar oficinas, abrir de algún modo las piernas a las transnacionales y a las maquilas, pero aquellas vacas flacas estaban agonizando y las gordas venían en camino, las alentaba el Fondo, **la AID, el BID** y a lo mejor también el Mercado Común Europeo, sin embargo el gran peligro estaba en que debían atravesar al país vecino y ahí era posible que se las comieran, aunque venían por el espacio, a nueve mil metros de distancia, en establo de primera clase y cabina acondicionada, pero esos vecinos eran y son tan peligrosos.

La verdad es que el gobierno se había desteñido en la memoria del pueblo, ya nadie recordaba el nombre del presidente y de sus ministros, la gente los distinguía con el de aquél que se cree la mamá de Tarzán y usa anteojos o el que se parece al cerdito que me regalaron en los buenos tiempos pero un poco más feo.

Y la solución salió de lo que menos se esperaba. El país organizó el concurso tercermundista de la "Señorita Subdesarrollo", ya usted sabe de flaquitas, oscuritas, encogidas de hombros, piernas cortas, medio calvas, sonrisas cariadas, con amebas y otras calamidades. El próspero Emirato de los Emires envió a su designada, quien de puro asombro de cómo llovía y llovía al estilo de Leonardo Fabio, abrió unos ojos enormes de competencias de harén y de cielos en el Corán. Ganó por unanimidad, reina absoluta del subdesarrollo, lo merecía por cierto, no le faltaban colmillos ni muelas, y regresó más rápido que rapidísimo al Emirato de los Emires, había adquirido más veloz que corriendo algunos hongos que se acomodaron en las uñas de los pies y las manos, detrás de las orejas y en la mejilla izquierda.

Oh padre Sultán, señor mío, de las lunas y del sol, si su Alteza Arábiga pudiera ver cómo llueve y llueve en ese país, le juro que no me creería. Llueve noche y día, todo está verde, hasta la gente, son gente verde, inocente, ingenua, que ni siquiera ha pensado en vender **su primer recurso,** la lluvia, pobrecitos piensan en café, en arroz, en caña, en verduras, en madera y tienen el tesoro de Alí Baba en sus manos y no lo ven. ¿Qué no daríamos por algo semejante?

El Sultán Abun dal Tol la dejó hablar, la hizo repetir lo de esa lluvia que amanecía y anochecía, volvía a amanecer y anochecer por meses iguales, no se cansaba de la historia de lo verde en el tránsito de reverdecer más, le gustó incluso lo de un tal Leonardo Fabio en eso de llovía y llovía.

Una llamada telefónica de larga distancia entró al despacho del ministro de exportaciones procedente del Emirato de los Emires, pero el ministro no estaba. El ministro de relaciones comerciales casi **se iluminó** cuando el Sultán Abun dal Tol se llenó de luces internas y le ordenó comprar lluvia y lluvia y construir un acueducto desde allá hasta aquí para fertilizar el desierto. Otra llamada. Aló, hablo con el país de la lluvia, no la lluvia de marijuana y de cocaína, no la de los dólares lavados, la lluvia que natural cae del cielo y pone verde lo arenoso. Sí, sí, habla con el ministro de exportaciones de ese país y estamos dispuestos a vender la lluvia, no faltaba más, su producción no nos cuesta nada, es un recurso natural como su petróleo, haremos **un trato** bueno y justo.

La noticia ocupó cinco columnas en la época seca, en que se pudieron vencer obstáculos de inundaciones y de humedades, el propio presidente la dio: venderemos la lluvia a diez dólares el centímetro cúbico, los precios se revisarán cada diez años y la compra será ilimitada, con las ganancias pagaremos **los préstamos,** los intereses y recobraremos nuestra independencia y nuestra dignidad.

El pueblo sonrió, un poco menos de lluvia agradaba a todos, además se evitaban las siete vacas gordas, un tanto pesadas.

Ya no las debía empujar el Fondo, el Banco Mundial, la AID, la Embajada, el BID y quizás el Mercado Común Europeo, a nueve mil metros de altura, dado el peligro de que las robaron en el país vecino, con cabina acondicionada y establo de primera clase. Además de las tales vacas no se tenía seguridad alguna de que fueran gordas, porque su recibo obligaba a aumentar todo tipo de impuestos, especialmente los de consumo básico, a exonerar completamente las importaciones, a abrir las piernas por entero a las transnacionales, a pagar los intereses que se han elevado un tanto a amortizar la deuda que está creciendo a un ritmo sólo comparado con las plagas. Y si fuera poco hay que estructurar el gabinete porque a algunos ministros la gente de las cámaras los ve como peligrosos y extremistas.

Agregó el presidente con una alegría estúpida que se mostraba en excesos de sonrisas alegremente tontas, los técnicos franceses, garantía de la meritocracia europea, construirán **los embudos** para captar la lluvia y el acueducto, lo que es un aval muy seguro de honestidad, eficiencia y transferencia de tecnología.

Para ese entonces ya habíamos vendido muy mal el atún, los delfines y el domo térmico, también los bosques y los tesoros indígenas. Además el talento, la dignidad, la soberanía y el derecho al tráfico de cuanto fuera ilícito.

El primer embudo se colocó en el Atlántico y en cosa de meses quedó peor que el Pacífico Seco. Llegó el primer pago del Emirato de los Emires, ¡en dólares!, se celebró con una semana de vacaciones. Era necesario un poco más de esfuerzo. Se puso un embudo en el norte y otro en el sur. Ambas zonas muy pronto quedaron como **una pasa.** No llegaban los cheques, ¿qué pasa?, el Fondo los embargó para pagarse intereses. Otro esfuerzo: se colocó el embudo en el centro, donde antes llovía y llovía, para dejar de llover por siempre, lo que obstruyó cerebros, despojó de hábitos, alteró el clima, deshojó el maíz, destruyó el café, **envenenó** aromas, asoló canales, **disecó** palmeras, arruinó frutales, arrasó hortalizas, cambió facciones y la gente empezó a actuar con rasgos de ratas, hormigas y cucarachas, los únicos animales que abundaban.

Para recordar que habíamos sido, circulaban de mano en mano fotografías de un oasis enorme con grandes plantaciones, jardines, zoológicos por donde volaban mariposas y una gran variedad de pájaros, al pie se leía: venga y visítenos, este Emirato de los Emires es un paraíso.

El primero que se aventuró fue un tipo buen nadador, quien tomó las previsiones de llevar alimentos y algunas medicinas. Después toda su familia entera se fue, más tarde pueblos pequeños y grandes. La población disminuyó considerablemente, un buen día no amaneció nadie, con excepción del presidente y su gabinete. Todos los otros, hasta los diputados, siguieron la ruta de abrir **la tapa** del acueducto y así dejarse ir hasta el encuentro con la otra tapa ya en el Emirato de los Emires.

Fuimos en ese país ciudadanos de segunda categoría, ya estábamos acostumbrados, vivimos en un ghetto, conseguimos trabajo porque sabíamos de café, caña, algodón, frutales y hortalizas. Al poco tiempo andábamos felices y como sintiendo que aquello también era nuestro, por lo menos la lluvia nos pertenecía.

Pasaron algunos años, el precio del petróleo empezó a caer y caer. El Emirato pidió un préstamo, luego otro y muchos, pedía y pide para pagar lo que debe. La historia nos suena harto conocida. Ahora el Fondo se ha apoderado del acueducto, nos cortó el agua por falta de pago y porque el Sultán Abun dal Tol se le ocurrió recibir como huésped de honor a un representante de aquel país vecino nuestro.

Después de leer

Ya que conocemos los papeles de la comunidad de lectores, ampliemos el trabajo de los papeles. Cada miembro tiene que preparar su tarea enfocándose en los diversos argumentos del texto, sacando la información esperada y escribiendo unas preguntas de interpretación para la discusión de grupo, con dos posibles respuestas para cada pregunta.

A. Interpretaciones

1. *Los que resumen*—Presenten el resumen del texto y el propósito principal. ¿Qué tipo de cuento es?
2. *Expertos del lenguaje*—Hay mucho que se puede decir sobre el tipo de lenguaje y el tono. Además de explicar palabras claves, fíjense en el tono: ¿Es un tono sarcástico, humorístico, irónico? ¿Cuál es la diferencia? ¿Están de acuerdo todos sobre el tipo de tono? Ayuden a la clase (y defiendan su argumento) denotando ejemplos específicos.
3. *Intérpretes*—¿Cuáles son los temas? Es un cuento fantástico o realista? ¿Puede ser una mezcla de los dos? Presenten apoyo sacado del texto para corroborar la conclusión.
4. *Moderadores*—Prepárense para propiciar una discusión sobre los diversos niveles del texto. Clasifiquen los distintos niveles. Piensen en el texto mismo y en la situación mundial. Al considerar la información de los investigadores sobre el tercer mundo y el medioambiente, ¿cuál será el propósito de la escritora?

B. Hablemos personalmente

1. Todos tenemos opiniones sobre los coches, el desperdicio del papel, la costumbre de utilizar un objeto una vez y después tirarlo. ¿Cómo debemos nosotros los ciudadanos ser más económicos con los recursos de nuestro país? ¿Debe tomar medidas el gobierno para exigir estos cambios a fin de que no malgastemos estos recursos en nuestra vida diaria?
2. ¿Qué significa ser un ciudadano mundial o cosmopolita? ¿Existe alguien así? ¿Qué haces personalmente para ser un buen ciudadano?
3. El texto aborda el tema de las deudas y las multas. ¿Qué papel juegan las multas para cambiarles la actitud a las personas? ¿Sería factible establecer un sistema de premios además de multas? ¿Cómo lo harías?

C. En mis palabras

Pensando en el medioambiente, genera ideas sobre métodos para conservar los recursos naturales. Escribe una tesis y un párrafo introductorio al respecto.

Estrategias para leer: Analizar los elementos del argumento

Ya hemos visto la importancia de leer concientes de los distintos niveles del texto, del punto de vista del narrador y de la perspectiva del escritor. Leer un texto es también descomponer su argumento. Al igual que hacemos al construir un ensayo (desarrollar el tema, la tesis y el apoyo), al leer debemos también sacar y analizar los elementos de la estructura de un texto. Se trata de volver a ver el ¿qué? y el ¿cómo? de un texto, pero ahora con el ojo de jurado, analizando la lógica del hilo argumentativo.

A continuación se presentan preguntas que nos facilitan la lectura crítica del jurado:

El tema: ¿De qué se trata la obra?

La tesis: Dentro de este tema, ¿cuál es el punto que quiere expresar el escritor? ¿De qué nos quiere convencer?

Puntos de apoyo: Al construir el argumento, ¿en qué se basa el apoyo?

Puntos en contra: ¿Cuáles son las ideas que no apoyan la tesis? ¿Se dirige hacia estos puntos también el escritor o los pasa por alto?

La coherencia del argumento: ¿Tiene un hilo consistente, razonable y lógico el argumento? ¿Es creíble y fuerte, o no?

Estilo enfático: ¿Tiene éxito el escritor en ganarse la confianza de los lectores y convencerles de que tiene razón? ¿Qué técnicas estilísticas (uso de voz pasiva o activa, tipo de oración, tono en particular) usa para acercarse a los lectores?

Práctica

Puede considerarse difícil identificar el argumento dentro del cuento, "Y vendimos la lluvia" de Naranjo, puesto que no hay argumento dado de forma explícita; sin embargo, esta obra de ficción desarrolla un comentario político y cultural. Usando el cuento, aplica y contesta a las preguntas de cada categoría anterior.

¿A qué veredicto llega el jurado? ¿Logra Naranjo transmitir sus intenciones? ¿Convence a los lectores? ¿En qué sentido se puede decir que sí o que no?

PASO 2 ESCRIBIR POR MODELOS

La argumentación: El abogado y la hipótesis

Imaginemos una escena dramática en la sala de un tribunal: la jueza formal e intimidante, el jurado pensante y deliberante, el demandante y el acusado ansiosos, el público atento en espera. . . . y los abogados, listos para montar su alegato sumarial en sus estrados. Los abogados, por más astutos que sean, no llegan a la corte sin prepararse. Pasan días y horas construyendo su argumento. Investigan otros casos semejantes, entrevistan a los testigos y a los participantes del caso, establecen su propia estrategia legal y revisan varias veces sus argumentos. En fin, se esmeran para que a la hora de presentarse en el tribunal digan precisamente lo que desean decir, con el tono apropriado para así poder convencer al juez, al jurado y al público.

Escribir de una manera argumentativa es hacer el papel de abogado: es conocer a fondo la información y crear un ensayo defendible y persuasivo. Consideremos ahora lo que nos hace falta para escribir un ensayo argumentativo.

Estrategias para escribir: El argumento defendible

¡Manual! En el Manual estudiamos el uso del subjuntivo en oraciones subordinadas, el infinitivo, el gerundio y el participio. A continuación vemos maneras de efectuar un argumento defendible, incluso la estructura del argumento y maneras de variar las oraciones.

¿Qué es un argumento? ¿Has pasado alguna vez un día tan difícil y desafiante que llegaste a la conclusión de que toda la vida se parece a un argumento? Quizás tengas razón; *todo* se pudiera considerar un argumento. Vamos a exponer unas ideas sobre el concepto de argumentar.

Propósito: Cualquier argumento tiene el propósito de persuadir a los oyentes o los lectores. Es posible, sin embargo, que la forma de persuasión sirva no sólo para convencer, sino para informar, explorar, o tomar decisiones. Cuando estamos en una clase en plena discusión sobre un hecho histórico, por ejemplo, o haciendo una presentación de una investigación, quizás el propósito no sea tanto el persuadir como el explorar el pasado. Lo que sí es cierto es que necesitamos tener un argumento lógico y defendible.

Clase: ¿Qué categorías de argumentos existen? Hay argumentos sobre hechos (¿qué pasó?), definiciones (¿cuál es la naturaleza de algo?), y evaluaciones (¿cómo es algo?).

Estilo: Hay varios estilos de argumento. Ajustamos el estilo y el tono a las necesidades del argumento, según nuestro propósito. Hay estilos basados en los hechos y las realidades, en los valores y en las emociones.

Veamos unos estilos diversos:

a. Un argumento basado en los hechos apela a la razón del lector tras presentar el conjunto de hechos que rodean un caso. Citamos las estadísticas y presentamos la evidencia incuestionable en nuestra defensa. Estos argumentos por lo general tratan de la causa y el efecto de algo.

Ejemplo de la fórmula general: "El grupo X debe/no debe quedarse con Y porque han pasado cien años con Y y se ha comprobado en diez investigaciones científicas que quitárle Y ahora tendría resultado negativo."

Ejemplo específico: Los caballos salvajes en las montañas de Wyoming deben quedarse en las mismas tierras porque los expertos de los animales han determinado que los caballos no podrían sobrevivir si los mudaran a otra región.

b. Un argumento basado en los valores le indica al lector la importancia de mantener cierto valor.

Ejemplo de la fórmula general: "Este grupo X debe/no debe recibir Y porque si reciben/no reciben Y van a cambiar nuestra sociedad de forma positiva/negativa."

Ejemplo específico: Se debe permitir más inmigración a los Estados Unidos porque el rápido aumento de la población beneficia el desarrollo de la democracia.

c. Un argumento basado en las emociones es provocar cierta emoción (la tristeza, el enojo, el humor, la felicidad):

Ejemplo de la fórmula general: "Este grupo X debe/no debe recibir Y porque si reciben/no lo reciben Y pueden perderse."

Ejemplo específico: Tenemos que poner más dinero en el sistema educativo de cada país porque todos los niños merecen las mismas oportunidades.

Preparar, presentar y defender un argumento depende de conocer a fondo el propósito y el estilo de argumento que mejor convenga al lector. Una vez que hayamos tomado estas decisiones, pasemos a la estructura de un argumento defendible. Es importante seguir una organización lógica:

1. *La introducción.* Sirve para establecer el tema, exponer la tesis e identificar los puntos de apoyo y los puntos en contra. Recordemos también lo que hemos aprendido acerca del título, la primera oración, y la necesidad de ganarse la confianza de los lectores. La introducción, en fin, nos abre la puerta al argumento.

2. El desarrollo. Cada párrafo debe presentar de forma organizada y lógica los puntos de apoyo y los puntos en contra. Además, debe contener una oración temática que expone la idea principal. Es decir, cada párrafo debe ofrecer una especie de mini-tesis que aborde un aspecto de la tesis principal. No olvidemos tampoco la importancia de las oraciones transicionales al empezar y terminar cada párrafo.

3. Los puntos de apoyo. Los puntos de apoyo deben ir vinculados con lo propuesto en el párrafo introductorio. Deben ofrecer evidencia en apoyo de la tesis. Esta evidencia puede tratarse del narrador y su papel, de los personajes, del ambiente y tiempo, o de la trama misma. Se desea integrar citas directas de la fuente que explican bien el propósito. Queremos una opinión informada, basada en el texto u otras fuentes de referencia según la asignatura. De la misma manera, los puntos en contra, y la defensa, deben originarse en el texto.

4. La conclusión. No se puede pasar por alto la importancia de la conclusión. Muchas veces este párrafo llega a ser el más difícil de redactar. La conclusión no debe ser ni una simple repetición de la tesis ni del párrafo introductorio, sino un remate de lo que presentaste en el desarrollo. El argumento debe haber progresado bien mientras el lector lee cada punto en los párrafos del desarrollo. La conclusión vuelve a establecer la importancia de la tesis, dentro del tema, y presenta al lector un motivo para estar de acuerdo.

Práctica

Piensa en una situación de la ciudad o de la universidad sobre la cual existe un debate. Este es el tema.

a. Ahora, piensa en una hipótesis (será la tesis) para resolver el problema.
b. Haz una lista de apoyo a favor y en contra.
c. Identifica al público a quién se podría dirigir tal argumento.
d. Escoge el mejor estilo para dirigirte a tal público.
e. Escribe un borrador del argumento.

PASO 3 REDACTAR POR MODELOS

Estrategias del proceso: La coordinación y la subordinación

El Manual presenta la estructura de la subordinación con el subjuntivo. A la hora de escribir, ¿haces lo posible por usar una variedad de oraciones o no? Por lo general, ¿cuántas palabras usas para formar una oración? Como escritores, nos interesa incorporar la mayor variedad posible a las oraciones. Por eso, nos conviene explorar el uso de la coordinación y la subordinación.

La coordinación. La coordinación consiste en conectar dos ideas parecidas. La usamos para formular oraciones expresivas y amplias cuando deseamos mantener el hilo de una idea y para variar la longitud de las oraciones. Las oraciones breves son útiles, especialmente para enfatizar una idea y para crear variedad, pero a veces es mejor usar oraciones más largas. La coordinación es la conexión de dos oraciones con la misma función. Veamos unos ejemplos:

De camino a la escuela, me encontré con mi amiga Juana y fuimos juntas a clase.

No ofreció ninguna ayuda, ni siquiera un préstamo.

Quería salir bien en el curso de matemáticas y le pedí ayuda al profesor.

La subordinación. La subordinación consiste en conectar ideas semejantes y establecer una jerarquía entre ellas. Mientras que la coordinación establece un paralelismo entre ideas, la subordinación sirve para destacar la relación entre las oraciones. Veamos estos modelos:

coordinación entre dos ideas paralelas: Quería salir bien en el curso de matemáticas y le pedí ayuda al profesor.

subordinación que enfatiza la jerarquía entre ideas: Con la ayuda del profesor, estudié mucho de modo que pude sacar una nota excelente.

El propósito de usar la subordinación y la coordinación es la variedad estilística. Una serie de oraciones cortas, o de oraciones coordinadas y subordinadas sin interrupción, es tedioso. Seamos conscientes de nuestra manera de escribir e intentemos variarla.

Práctica

1. Crea oraciones coordinadas y subordinadas utilizando los tres ejemplos que siguen. Hay más de una manera de revisar las oraciones; escribe dos versiones para cada ejemplo.
   a. Mañana salgo para México. Te mando la transferencia bancaria al llegar. Si me doy prisa, acabo el proyecto en una semana.
   b. Vivo en los Estados Unidos desde hace 17 años. Sigo la carrera de matemáticas este año en la universidad. Mis padres quieren que regrese a Colombia pronto.
   c. Más vale que no compres esa computadora barata. Siempre salen con un modelo nuevo. Lo mejor es ahorrar dinero.
2. Analiza la variedad de las oraciones del ensayo que escribiste en el capítulo anterior. Vuelve a escribir un párrafo incorporando oraciones coordinadas y subordinadas. Intercambia el párrafo con algún compañero de clase, fijándote en los cambios.

Claves de la composición: La introducción y la conclusión

La introducción y la conclusión del ensayo sirven como dos puertas, una para entrar y la otra para salir del ensayo. Para muchos escritores presentan el mayor desafío.

La introducción sirve para atraer a los lectores, establecer el tono y presentar el tema y la tesis. Puede parecer difícil porque a veces empezamos el ensayo y luego ajustamos todo el desarrollo para que concuerde con la introducción. Sin embargo, no tenemos que seguir dicha secuencia: un truco de los escritores es editar la introducción como el *acto final* de la escritura, *después* de revisar todo el ensayo. ¿Por qué? Porque así se puede cambiar la introducción para que refleje bien todo lo que se ha escrito en el proceso de explorar y presentar la tesis y el apoyo. De tal modo, no necesitas terminar la introducción antes de desarrollar el ensayo.

La conclusión cierra el ensayo. Presenta las últimas palabras que el lector lee y así ofrece la última oportunidad para dejar la impresión que deseamos. No debe ser una mera repetición de la introducción, sino una vista final a la tesis, con un toque personal que enfatiza tu perspectiva particular.

Para lograr una buena introducción y conclusión, hay que pensar en el público al que nos dirigimos y en la impresión que queremos dejar. Debes considerarte a ti como parte del público. ¿Qué tipo de introducción te llama la atención? ¿Te acuerdas de alguna introducción en particular de los textos leídos durante el semestre? Al pensar en las introducciones de tus ensayos de este semestre, ¿notas alguna variedad o has seguido la misma forma? Es cuestión de experimentar. La única manera de encontrar, ampliar y pulir tu voz es practicar con modelos diferentes.

Estrategias para editar: Evaluar la introducción y la conclusión

¡Manual! Ya sabemos la importancia del empezar y concluir de un ensayo. El modelo en el Manual permite explorar introducciones y conclusiones para ver si logran el efecto deseado.

PASO 4 CREAR NUESTROS MODELOS

Ha llegado momento de ponernos la toga de abogado. Al igual que los abogados, nuestra función consiste en elaborar un caso legal que mejor represente nuestro punto de vista. Hay que ser lógico, coherente y persuasivo. No importa si usamos un estilo directo y formal o un estilo irónico como el de Naranjo; lo importante es plantear bien el caso.

Primero, establece tu propia perspectiva sobre el tema. Luego, ofrece tu tesis y puntos de apoyo. Y al escribir no te olvides del jurado, al cual te diriges con cierto propósito en mente. Procura establecer y mantener la confianza del lector. Escoge entre los siguientes temas:

1. Toma una decisión sobre un problema que exista en tu comunidad en relación con el medioambiente y los recursos naturales.
2. Siguiendo el modelo que ofrece Naranjo, escribe tu propia hipótesis sobre algún asunto en la universidad.
3. Hay cambios que, de ser factibles, facilitarían la vida enormemente. Desarrolla una hipótesis sobre algún cambio que se te ocurra y cómo se realizaría.

Lista de verificación para entregar con el ensayo.

¡OJO! Antes de entregar:

1. ____ He hecho una escritura libre y varios borradores.
2. ____ He creado un título y una primera oración apropiados.
3. ____ He decidido una perspectiva.
4. ____ Hay una tesis y apoyo consistente con el tema y la perspectiva.
5. ____ He escrito una introducción y conclusión apropiadas.
6. ____ La selección de tiempo verbal y de voz sirve el propósito.
7. ____ He prestado atención a las oraciones coordinadas y subordinadas.
8. ____ La separación y la transición entre párrafos tienen sentido.
9. ____ No hay generalizaciones y he practicado la precisión y la concisión.
10. ____ Reconozco la diferencia entre argumento, resumen y opinión.
11. ____ He apoyado mis puntos con evidencia de la lectura.
12. ____ Pensando en la clave editorial, he prestado atención a los aspectos de la organización, el estilo y la gramática.

Glosario

Naranjo, "Y vendimos la lluvia"

al borde de la quiebra: a punto de no poder pagar deudas
un campamento de tugurios: un barrio muy pobre
cola de divisas: una formación de personas esperando sacar dinero
complacida: satisfecha
el concurso: la competencia
disecó (disecar): ensecar un cuerpo muerto
los embudos: una herramienta para echar agua en un agujero angosto
envenenó (envenenar): mató o contaminó con sustancia nociva

el Fondo: organizaciones mundiales que prestan dinero a gobiernos con problemas monetarios
la AID: agencia del gobierno de los EEUU que financia proyectos de desarrollo en el exterior
el BID: banco internacional que ayuda países en las Américas
el hambre: deseo de comer
se iluminó (iluminarse): se puso muy alegre (figurado)
cartelera: programa
ministro de hacienda: la persona del gobierno encargada de finanzas públicas
país endeudado: un país sin fondos
una pasa: una uva seca
los préstamos: pedir dinero y tener que devolvérselo al otro
su primer recurso: su producto principal
resfriados: estar enfermo, con tos
la tapa: lo que cierra cualquier envase
(los) telones de aguacero: cortinas de lluvia
un trato: un acuerdo

Capítulo 9

Escritor crítico literario

Modelos: Escritor crítico literario

Otro tipo de argumentación es el análisis literario y, claro está, nuestro modelo perfecto es el del crítico literario. De cierta forma, a la hora de leer todos somos críticos literarios puesto que es difícil leer una obra sin evaluarla. El crítico literario evalúa las técnicas literarias y las figuras retóricas dentro del texto. Explora la obra dentro de su contexto cultural y literario. ¿Cómo se relaciona la obra con otras del mismo género, de otras épocas? Y dentro de la obra, ¿cómo se manifesta el tema y la tesis del escritor? ¿Qué tipo de lenguaje usa?

A esta altura de nuestra jornada, conviene conocer más el modelo crítico literario para poder acercarnos a la literatura de forma seria.

Modelos de lectura:
- las técnicas literarias
- la crítica literaria

Modelos de escritura:
- analizar los personajes
- el análisis crítico

Manual de gramática:
- los pronombres relativos

Manual de redacción:
- el registro
- las técnicas literarias

PASO 1 LEER POR MODELOS

Modelo: Gabriel García Márquez, "Un día de estos"

Comunidad de lectores.

Primero, no repitas el mismo papel si no has cumplido con todos los papeles diferentes de la comunidad. Segundo, al igual que en el capítulo anterior, se espera que cada estudiante, por ser miembro de la comunidad, formule preguntas de interpretación para la discusión. Incluye lo siguiente con cada pregunta:

a. dos posibles respuestas a la pregunta (recuerda que las preguntas de interpretación permiten más de una respuesta);
b. información sobre la lectura (razones o citas directas) que apoye las respuestas

INVESTIGADORES: Ayuden al grupo a recordar la información anterior de Gabriel García Márquez, pero a la vez presenten nuevos datos sobre él. Una manera de acercarnos a la crítica literaria es investigar lo que han escrito otros sobre cierto escritor. Deben conseguir una evaluación crítica por encima de la información biográfica.

a. Al final del capítulo aparecen algunas fuentes para el estudio crítico de García Márquez. Como investigadores, aprovéchense de dichos recursos.
b. Busquen datos sobre la situación histórica de Colombia en la segunda mitad del siglo XX y en las guerras civiles que trastornaron al país.

Antes de leer

Ya conocimos a este autor en el Capítulo 3. Este conocimiento anterior sirve bien para poder realizar una lectura más desarrollada de su obra, y así aprender el análisis literario. Recordemos lo que sabemos de su vida, su época y sus temas. En "Un día de estos", Márquez presenta una escena llena de tensión entre dos hombres que no quieren verse ni en pintura. La situación se resuelve de una manera inesperada.

Con la información presentada por los investigadores y el breve comentario presentado en el párrafo anterior, piensa en la posible relación entre estos dos hombres. Lee el título. ¿Qué significará? Lee el texto consciente de tu papel en la comunidad y el modelo del crítico literario. Como ya sabemos, los textos nos regalan lecturas a varios niveles.

“Un día de estos”

El lunes amaneció tibio y sin lluvia. Don Aurelio Escobar, dentista **sin título** y buen madrugador, abrió su gabinete a las seis. Sacó de la vidriera **una dentadura postiza** montada aún en el molde de yeso y puso sobre la mesa un puñado de instrumentos que ordenó de mayor a menor, como en una exposición. Llevaba una camisa a rayas, sin cuello, cerrada arriba con un botón dorado, y los pantalones sostenidos con cargadores elásticos. Era rígido, enjuto, con una mirada que raras veces correspondía a la situación, como la mirada de los sordos.

Cuando tuvo las cosas dispuestas sobre la mesa rodó la fresa hacia el sillón de resortes y se sentó a pulir la dentadura postiza. Parecía no pensar en lo que hacía, pero trabajaba con obstinación, pedaleando en la fresa incluso cuando no se servía de ella.

Depués de las ocho hizo una pausa para mirar el cielo por la ventana y vio dos **gallinazos pensativos** que se secaban al sol en el caballete de la casa vecina. Siguió trabajando con la idea de que antes del almuerzo volvería a llover. La voz destemplada de su hijo de once años lo sacó de su abstracción.

—Papá.
—Qué.
—Dice el alcalde que si le sacas una muela.
—Dile que no estoy aquí.

Estaba puliendo un diente de oro. Lo retiró a la distancia del brazo y lo examinó con los ojos a medio cerrar. En la salita de espera volvió a gritar su hijo.

—Dice que sí estás porque te está oyendo.

El dentista sigiuó examinando el diente. Sólo cuando lo puso en la mesa con los trabajos terminados, dijo:

—Mejor.

Volvió a operar la fresa. De una cajita de cartón donde guardaba las cosas por hacer, sacó un puente de varias piezas y empezó a pulir el oro.

—Papá.
—Qué.

Aún no había cambiado de expresión.

—Dice que si no le sacas la muela te pega un tiro.

Sin apresurarse, con un movimiento extremadamente tranquilo, dejó de pedalear en la fresa, la retiró del sillón y abrió por completo **la gaveta** inferior de la mesa. Allí estaba el revólver.

—Bueno—dijo—. Dile que venga a pegármelo.

Hizo girar el sillón hasta quedar de frente a la puerta, la mano apoyada en el borde de la gaveta. El alcalde apareció en el umbral. Se había afeitado la mejilla izquierda, pero en la otra, **hinchada** y dolorida, tenía una barba de cinco días. El dentista vio en sus ojos marchitos muchas noches de desesperación. Cerró la gaveta con la punta de los dedos y dijo suavemente:

—Siéntese.
—Buenos días—dijo el alcalde.
—Buenos—dijo el dentista.

Mientras hervían los instrumentales, el alcalde apoyó el cráneo en el cabezal de la silla y se sintió mejor. Respiraba un olor glacial. Era un gabinete pobre: una vieja silla de madera, la fresa de pedal y una vidriera con pomos de loza. Frenta a la silla, una ventana con un cancel de tela hasta la altura de un hombre. Cuando sintió que el dentista se acercaba, el alcalde afirmó los talones y abrió la boca.

Don Aurelio Escobar le movió la cara hacia la luz. Después de observar **la muela** dañada, ajustó la mandíbula con una cautelosa presión de los dedos.

—Tiene que ser sin anestesia—dijo.
—¿Por qué?
—Porque tiene un absceso.

El alcalde lo miró en los ojos.

—Está bien—dijo, y trató de sonreir. El dentista no le correspondió. Llevó a la mesa de trabajo la cacerola con los instrumentos hervidos y los sacó del agua con unas pinzas frías, todavía sin apresurarse. Después rodó la escupidera con la punta del zapato y fue a lavarse las manos en el aguamanil. Hizo todo sin mirar al alcalde. Pero el alcalde no lo perdió de vista.

Era **un cordal** inferior. El dentista abrió las piernas y apretó la muela con el gatillo caliente. El alcalde se aferró a las barras de la silla, descargó toda su fuerza en los pies y sintió un vacío helado en los riñones, pero no soltó un suspiro. El dentista sólo movió la muñeca. Sin rencor, más bien con una amarga ternura, dijo:

—Aquí nos paga veinte muertos, **teniente.**

El alcalde sintió un crujido de huesos en la mandíbula y sus ojos se llenaron de lágrimas. Pero no suspiró hasta que no sintió salir la muela. Entonces la vio a través de las lágrimas. Le pareció tan extraña a su dolor, que no pudo entender la tortura de sus cinco noches anteriores. Inclinado sobre la escupidera, sudoroso, jadeante, se desabotonó la guerrera y buscó a tientas el pañuelo en el bolsillo del pantalón. El dentista le dio un trapo limpio.

—Séquese las lágrimas—dijo.

El alcalde lo hizo. Estaba temblando. Mientras el dentista se lavaba las manos, vio el cielorraso desfondado y una telaraña polvorienta con huevos de araña e insectos muertos. El dentista regresó secándose las manos. "Acuéstese—dijo— y haga buches de agua de sal." El alcalde se puso de pie, se despidió con un displicente **saludo** militar, y se dirigió a la puerta estirando las piernas, sin abotonarse la guerrera.

—Me pasa la cuenta—dijo.
—¿A usted o al municipio?

El alcalde no lo miró. Cerró la puerta, y dijo, a través de la red metálica.

—Es **la misma vaina.**

Después de leer

A. Interpretaciones

En la comunidad de lectores, usemos lo que preparamos en casa, incluyendo las preguntas de interpretación, para entablar la discusión. Comparemos nuestro análisis con uno de los artículos de crítica literaria que nos presentaron los investigadores.

1. *Los que resumen*—Indiquen cuál es el propósito y apoyen las ideas con citas del cuento. Intercambien la información con los otros miembros que resumen para determinar si hay otras perspectivas.
2. *Expertos del lenguaje*—Este cuento presenta dos tipos de lenguaje. Hay palabras claves para entender el argumento y palabras para interpretar el cuento. Hagan una lista de cada tipo, teniendo en cuenta que habrá palabras que pueden pertenecer a las dos listas.
3. *Intérpretes*—¿Cuáles son las ideas principales? En vista del título, ¿qué otros aspectos del cuento se deben señalar? Interpreten las varias secciones, procurando incluir lo siguiente:
   a. la descripción de lo que está afuera del consultorio;
   b. la descripción del consultorio mismo;
   c. el uso del lenguaje desde la perspectiva de cada personaje
   d. la solución al problema. ¿Hay una sola?
4. *Moderadores*—Piensen en varios niveles del texto y los temas en cada uno; relaciónenlos con temas de hoy en día. ¿Qué aspectos del diálogo entre el dentista y el alcalde nos hacen pensar en problemas parecidos a los de hoy en día?

B. Hablemos personalmente

1. ¿Te has encontrado alguna vez en una situación semejante a la del alcalde, en la que tienes que acudir a una persona con quien no te llevas bien para pedirle un favor o negarle un favor a otro? ¿Cómo se resolvió?
2. Todos tenemos disputas en las que estamos seguros de tener toda la razón. Sin embargo, siempre hay más de un punto de vista en cualquier pelea. ¿Cómo resuelves tal situación para que no haya repercusiones ni represalias?
3. ¿Tienes un sistema que puedes ofrecer para ayudarles a otros a resolver disputas?

C. En mis palabras

Piensa en una situación en que hayas tenido que resolver un problema con una persona con quien no te llevabas bien. ¿Qué tipo de resolución encontraste? ¿Cómo la lograste—la decidió uno de ustedes o fue un proceso de acomodo mutuo? Describe la perspectiva de ambas personas y cómo se resolvió.

Estrategias para leer: Identificar las técnicas literarias

Hemos venido estudiando maneras de leer con ojo crítico: identificar los elementos básicos del texto, analizarlos e interpretarlos, en grupo o individualmente. Además de realizar una lectura y un resumen crítico, como ya sabemos, pasamos a la *crítica literaria,* que es el acto o el proceso de evaluar un texto de una manera específica. Consiste en estudiar la literatura dentro de un género literario. También conlleva reconocer técnicas literarias, las cuales ayudan tanto en el análisis y la evaluación del texto como en la presentación y el estilo que hemos de usar en nuestra escritura.

Ya hemos estudiado varias técnicas como la comparación, la metáfora y el símil (ver el Capítulo 2). Ahora nos enfocamos en unas técnicas adicionales de la lectura literaria.

Recursos de lenguaje:

la analogía: comparar dos cosas que son semejantes.

la metáfora: comparar de forma implícita dos elementos que no parecen semejantes.

el símil: comparar de forma explícita dos elementos no semejantes, con una palabra conectiva, por ejemplo "como".

las imágenes: tipo de lenguaje figurado que evoca los sentidos, especialmente lo visual.

lenguaje vulgar: uso del lenguaje coloquial, de la calle.

la hipérbole: uso de exageración.

la ironía: uso del lenguage cuyo significado contradice lo esperado.

la sátira: uso del lenguaje fuerte o cómico para criticar.

el simbolismo: uso de un objeto concreto, o imagen, por un concepto abstracto.

el contraste: destacar las diferencias entre dos cosas aparentemente parecidas.

la repetición: repetir una frase o idea para enfatizarla.

la incertidumbre: falta de certeza o conocimiento sobre el desenlace; el suspenso.

Aspectos del argumento:

el/la protagonista: personaje principal.

el/la antagonista: personaje que provoca un conflicto.

el prototipo: personaje que representa un tipo de persona bien conocido.

el conflicto: el asunto principal de la trama.

la acción creciente: cómo se desarrolla el conflicto.

el clímax: el punto culminante.

el desenlace: la resolución: el modo en que el conflicto se soluciona, después del clímax.

el presagio: un indicio de lo que va a pasar más adelante.

la retrospección: volver a mirar lo que ya ocurrió.

Al leer una obra literaria, debemos identificar las técnicas que usa el autor y la razón por su uso. La existencia o la ausencia de una técnica revela mucho. Explorar la lectura de forma analítica es la mejor manera de entender todos los niveles de un texto y de seguir el argumento.

Práctica

1. En grupos, comenten la función de la descripción en "Un día de estos" del dentista, de lo que está afuera del consultorio, y de lo que se encuentra en el gabinete. Luego traten de identificar el número de técnicas literarias que puedan. Discutan también la función del diálogo en el cuento. Como clase, repasen la información encontrada en cada grupo para intentar una comprensión común de las técnicas literarias mencionadas.
2. Comparen los análisis hechos por la clase con cualquiera de los artículos de crítica literaria sobre Márquez que consiguieron.

PASO 2 ESCRIBIR POR MODELOS

La escritura analítica: El crítico literario

Nuestro modelo de crítico literario sirve no sólo para analizar la literatura, sino también para confrontar las preguntas de nuestra realidad. A través del análisis de los elementos literarios dentro de una obra, podemos comprender los diversos aspectos de una cultura y la vida de las personas. Entender los personajes literarios nos ayuda a entendernos mejor a nosotros mismos, nuestras motivaciones y acciones.

Estrategias para escribir: El análisis de los personajes

¡ Manual! En el Manual se presenta un estudio del uso gramatical de los pronombres relativos, tema imprescindible para escribir sobre los seres humanos.

Los personajes en la literatura son un reflejo del ser humano. Los escritores eligen captar la esencia del ser humano de forma realista o exagerada; optan por destacar cierto rasgo o bien disimular otros para expresar su propia visión de la realidad. Además, al igual que nosotros, los personajes tienen que vivir dentro de un tiempo y espacio determinados, lo que impone parámetros en las características del personaje. Es decir, los personajes están marcados por su contexto.

Al estudiar los personajes, consideremos los siguientes factores:

a. *contexto.* ¿En qué tiempo y espacio existe cada personaje? Al desarrollarse el argumento, ¿hay cambios en el tiempo y el espacio?
b. *carácter.* ¿Cómo es física y emocionalmente cada personaje?
c. *motivación o propósito.* ¿Cuál es la situación de cada uno? ¿Cuál es la motivación de cada personaje? ¿Existe algún problema que quisiera resolver el protagonista?
d. *acción.* ¿Qué les sucede en el cuento? ¿Tienen control sobre sus acciones?
e. *resolución.* ¿Cómo solucionan los conflictos? ¿Cambia algún personaje a lo largo del cuento?

Práctica

1. De los cuentos leídos este semestre, escoge a un/a personaje que más te haya llamado la atención y contesta las preguntas antes mencionadas.
2. Utilizando las mismas preguntas, analiza los personajes de "Un día de estos".
3. Comparen el análisis de los personajes hecho por la clase con uno presentado al final del capítulo ("Fuentes posibles").

PASO 3 REDACTAR POR MODELOS

Estrategias del proceso: El proceso de seleccionar el registro

Escribir un ensayo apropiado tiene tanto que ver con el *proceso* de escribir como con la exposición de ideas. No basta con escribir las primeras ideas que nos vengan a la mente y entregar el resultado así de pronto. Hemos visto la importancia de generar ideas, distinguir las ideas centrales, dar puntos de apoyo, y esculpir el ensayo, párrafo por párrafo, hasta producir un ensayo coherente.

Otro aspecto importante de un ensayo es el registro que empleamos según el propósito de la obra y el público al que nos dirigimos. Piensa en las diversas conversaciones que tienes en un día cualquiera, con los profesores, los demás alumnos, los amigos, tus padres y demás familiares. ¿Notas cómo cambias el tipo de lenguaje según la persona a quien te diriges?

Al escribir un ensayo, tenemos que cambiar el registro según el público. Recordemos que el escribir no es hablar, por lo que debemos evitar un tono coloquial al escribir. Al hacer el borrador solemos preocuparnos más por el contenido que por el lenguaje, pero antes de entregar un ensayo, éste debe reflejar el registro deseado. Hay que intentar elevar el tono para que el ensayo sea una obra crítica. No es necesario asumir una actitud muy formal, pero sí evitar un ensayo informal. A continuación presentamos recomendaciones para el proceso de alcanzar un registro apropiado:

En las primeras etapas de escribir un ensayo, la de generar ideas, destacar el tema y la tesis, y la de escribir el borrador, no es necesario prestar mucha atención al lenguaje. En estos pasos lo importante es crear, no revisar.

A la hora de revisar el borrador, piensa en el registro. Mientras tomas las decisiones sobre cuál es tu propósito y a quién te diriges, también es necesario escoger el registro del lenguaje. Haz lo siguiente:

a. Lee el borrador y determina si el lenguaje capta bien el registro que desees expresar.
b. Fíjate en el uso de verbos. Evita la repetición del mismo verbo y piensa en sinónimos. Evita el uso excesivo de verbos generales, tales como "ser", "estar", "hacer" y "tener".
c. Piensa en cómo y dónde puedes cambiar otras palabras para que el ensayo refleje mejor el registro deseado. Haz buen uso del diccionario y del libro de sinónimos y antónimos. Considera también la inclusión de otras técnicas estilísticas en tu escritura que ayudarán a alcanzar el registro esperado; como hemos visto por ejemplo, la variedad de tipo y largura de las oraciones, el uso de fragmentos y claúsulas, y el orden mismo de las oraciones impactan el registro.
d. Vuelve a leer la obra para comprobar que tenga el registro deseado. OJO: no quieres cambiar un ensayo tanto que deje de representar tu propia voz. Pero sí debes entregarlo consciente de haber realizado un ensayo que represente el contenido y el estilo que deseabas expresar.

Para demostrar la diferencia de registro según el verbo elegido, a continuación se presentan algunos verbos, ya que elverbo lleva el cargo del registro.

formal:

tratarse de	concentrarse en	contar
narrar	describir	nombrar
mostrar	demostrar	relacionarse con

apuntar	incluir	destacar
relatar	manifestar	subrayar
aumentar	resumir	apuntar
más formal:		
radicar en	fundarse en	inferir
sugerir	ejemplificar	censurar
enfatizar	abarcar	simbolizar
aludir	insinuar	tipificar
recapitular	ablandar	sintetizar

Claves de la composición: El mundo de la crítica literaria y el uso de recursos bibliográficos

El análisis crítico requiere una opinión informada. No basta sólo con presentar una opinión personal sin contar con el apoyo necesario. Si vamos a presentar una evaluación, debemos estudiar a fondo el tema, lo cual exige el uso de otros recursos: los textos de referencia, las revistas, entrevistas y la red internacional, por ejemplo. En fin, es necesario demostrar que hemos considerado no sólo nuestras opiniones sino también las de otros críticos y analistas.

Al usar otros recursos, es necesario saber lo siguiente:

1. Toda fuente consultada debe ser citada como tal. Es lógico: si no son tuyas las ideas, no debes presentarlas como tales. No importa si incluyes la idea propia dentro de una oración o si haces referencia a pie de página, todavía tienes que citarla. Menciona el origen exacto de las ideas y materiales obtenidos de otras fuentes, incluyendo el título, el autor, y el año de publicación.
2. Hay reglas para indicar la fuente de cualquier cita, sea éste un libro, una entrevista o una fuente de la red. Conviene entender las diferencias de cómo citar los diversos tipos de fuente.
3. Existen varios sistemas de citar. Tienen que concordar con el profesor el sistema de citas que usan en la clase; una vez elegido el sistema, sean consistentes con el uso.

Estrategias para editar: Destacar las técnicas literarias y el registro

¡ Manual! El Manual presenta un modelo estudiantil que revisamos para determinar el registro apropiado y la inclusión de técnicas literarias.

PASO 4 CREAR NUESTROS MODELOS

Ahora nos toca ser críticos literarios. Vamos a escribir un ensayo crítico enfocándonos en los personajes y resolviendo una situación desagradable. Escoge entre los siguientes temas:

1. Basado en las discusiones en clase sobre el dentista y el alcalde en "Un día de estos", escribe un análisis crítico sobre: a) el aspecto del personaje del dentista o del alcalde que le permite cambiar de opinión al dentista; y b) el uso del espacio en el cuento como reflejo de la situación que existe entre los dos personajes.
2. Explora una situación personal en la que hayas tenido que resolver un conflicto con otra persona. Sigue los puntos de análisis: plantea la situación dentro de un contexto específico, ofrece un retrato de los personajes y sus motivos y discute la posible resolución. ¿Pudiste resolver el problema de forma razonable o quedaste insatisfecho con su resolución?
3. Lee un par de cuentos de Márquez o su novela corta, *El coronel no tiene quien le escriba,* y escribe un ensayo comprensivo, analizando los personajes. Les sugerimos a continuación las siguientes obras de referencia.

Fuentes posibles

Libros:

Gabriel García Márquez, *García Márquez habla de García Márquez.*
Bogotá, D.E. Colombia: Rentería, 1979.

Gabriel García Márquez, *Todos los cuentos de Gabriel García Márquez.*
La Habana: Casa de las Américas, 1977.

Luis Carlos Herrera, *El cuento, estructura y símbolo: análisis tentativo de los cuentos de Gabriel García Márquez*
Santa Fe de Bogotá: Pontificia Universidad Javeriana, 1998.

H.D. Oberhelman, *Gabriel García Márquez: A Study of the Short Fiction.*
Boston: Twayne Publishers, 1991.

Libro de referencia:

M.H. Abrams, *A Glossary of Literary Terms, 6th edition.*
Fort Worth, Texas: Harcourt, Brace Jovanovich, 1993.

La red internacional:

www.themodernworld.com (Macondo)

www.ipl/org/cgi-bin/ref/litcrit/litcrit.out.pl?au=gar.273

Lista de verificación para entregar con el ensayo.

¡OJO! Antes de entregar:

1. ____ He hecho una escritura libre y varios borradores.
2. ____ He creado un título y una primera oración apropiados.
3. ____ He determinado una perspectiva.
4. ____ Hay una tesis y apoyo consistente con el tema y la perspectiva.
5. ____ He prestado atención a la introducción y la conclusión.
6. ____ La selección de tiempo verbal y de voz sirve el propósito.
7. ____ La separación y la transición entre párrafos tienen sentido.
8. ____ No hay generalizaciones y he practicado la precisión y la concisión.
9. ____ He prestado atención al registro y maneras de realizarlo.
10. ____ He distinguido entre el argumento, el resumen y la opinión.
11. ____ He apoyado mis puntos con evidencia y he citado bien las fuentes.
12. ____ He integrado, como apropiado, un lenguaje literario.
13. ____ Pensando en la clave editorial, he prestado atención a los aspectos de la organización, el estilo y la gramática.

Glosario

Márquez, "Un día de estos"

un cordal: un diente, un molar
una dentadura postiza: dientes falsos
(los) gallinazos pensativos: pájaros grandes que comen carne muerta
la gaveta: el cajón de un mueble para guardar artículos
hinchada: inflamada
la misma vaina: la misma cosa, es igual (figurado)
la muela: diente para masticar, un molar
(el) saludo: una manera de dar la bienvenida o despedirse
sin título: sin terminar estudios universitarios
la tapa: lo que cierra un recipiente
teniente: oficial inferior del ejército

Capítulo 10

Escritor sociólogo

Modelos: Escritor sociólogo

¿Conoces el trabajo del sociólogo? Los psicólogos estudian el comportamiento y la vida interior de los seres humanos, y los sociólogos investigan la sociedad. Prevalece el tema de la identidad: ¿cómo se identifican los seres humanos con sus semejantes? ¿Cómo somos dentro de cierto grupo, dentro de cierta cultura o dentro de la sociedad en general? Los sociólogos investigan los sistemas, problemas y avances de una sociedad y las funciones de los miembros dentro de dicha sociedad.

¿Cómo se relacionan las funciones del sociólogo con las del escritor? Ya hemos estudiado maneras de describir, narrar, argumentar y analizar. El sociólogo incorpora muchas de las estrategias de dichos géneros al cumplir con sus investigaciones comprensivas de la sociedad. Al igual que hace el sociólogo, queremos tratar los aspectos anteriormente mencionados de forma integrada para realizar un análisis de un grupo, sus motivaciones y acciones.

Modelos de lectura:
- leer un texto largo

Modelos de escritura:
- escribir análisis social
- el ensayo investigador

Manual de gramática:
- las preposiciones

Manual de redacción:
- el apoyo y las citas

PASO 1 LEER POR MODELOS

Modelo: Octavio Paz, "Máscaras mexicanas"

Comunidad de lectores.

Vamos a leer un ensayo largo y complejo. Para ello, vamos a hacer un trabajo adicional a las estrategias de lectura ya aprendidas. Después de cumplir con sus papeles en la comunidad, y después de haber practicado las estrategias de lectura de un texto largo que aparecen a continuación, fíjate también en tu manera de leer y entender el texto. Escribe unos comentarios personales con la idea de compartir con los demás los desafíos y éxitos que hayas tenido al leer. Haremos una lista de nuestras estrategias personales para leer, descifrar y comprender un texto de este tipo.

INVESTIGADORES:

a. Busquen información sobre Octavio Paz y su época. Traten de conseguir su discurso al recibir el Premio Nóbel de literatura en 1990.
b. Busquen información sobre la historia mexicana en los años sesenta. Específicamente, ¿qué ocurrió en 1968 en la Plaza de Tlatelolco?

Antes de leer

Vamos a leer "Máscaras mexicanas", un capítulo del libro del escritor mexicano, Octavio Paz, sacado de su obra, *El laberinto de la soledad.* Este texto ofrece observaciones penetrantes del modo de ser de los mexicanos y su país. Presenta un aspecto del alma del mexicano. Hoy en día se considera un clásico obligado para todo estudiante interesado en México.

Octavio Paz (1914–1998) es ensayista y poeta. Después de una larga carrera en el cuerpo diplomático de México, renunció a su puesto después de los acontecimientos de 1968 en la Plaza de Tlatelolco y pasó a ocupar varios cargos académicos en los Estados Unidos. Ganó el Premio Nóbel de literatura en 1990. Tiene una obra amplia de ensayos sobre el mundo de las artes, los mexicanos y sus vecinos, incluyendo los EE.UU. y la América Latina.

Consideremos el título. ¿Qué nos anticipa "Máscaras mexicanas" sobre las ideas de Paz? Al leer, no dejes de pensar en estas dos palabras, "máscaras" y "mexicanas".

Estrategias para leer: La lectura larga

Hasta ahora hemos visto cuentos, poemas, canciones y ensayos breves sobre un tema. Ahora nos toca aprender a leer obras más largas. Debemos adquirir estrategias para no perdernos en el texto o, aún peor, evitar la lectura simplemente por ser muy extensa. Consideremos aquí métodos de acercarnos a una lectura larga:

a. Echa un vistazo de forma rápida a todas las páginas para ver cuán extenso es el texto y cuán complicado es el vocabulario.
b. Busca claves sobre el tema y las ideas principales—¿hay separaciones en la estructura que muestren el desarrollo de las ideas? ¿Hay subtítulos o secciones aisladas?
c. Empieza a leer con un papel en blanco al lado. Apunta la idea principal de cada dos a tres párrafos, después de leerlos. Aunque parezca un trabajo innecesario tomar apuntes de esta forma, en realidad leer despacio y atento la primera vez facilita la comprensión y ahorra tiempo después.
d. Procura dividir el ensayo según los argumentos presentados. No importa si en la discusión de la comunidad hay varias interpretaciones del desarrollo del argumento; lo importante es que vayas construyendo tu propia comprensión e interpretación del texto.
e. Al terminar, trata de construir el argumento con tus propias palabras. Es mejor que no repitas las oraciones exactas del escritor puesto que en la discusión querrás usar tu lenguaje, apoyado con la evidencia de la lectura.
f. ¿Uso del diccionario? Como hemos visto, el diccionario es una herramienta útil, pero también peligrosa. Si te pasas todo el tiempo buscando palabras, corres el riesgo de perder el hilo del tema. Es mejor hacer una lectura sin diccionario, tratando de usar el contexto para descifrar el sentido de las palabras desconocidas. Si quieres, marca las palabras que no entiendas. Luego, si no puedes construir el argumento básico, acude al diccionario.

En fin, conviene mantener una actitud abierta, positiva y de confianza hacia cualquier texto. Ya sabemos las estrategias y seguramente podemos sacar el argumento esencial de cualquier lectura. Con la ayuda de toda la comunidad, llegamos no sólo a una comprensión, sino también a un análisis y una evaluación apropiada, tal como merece cada lectura. Pasamos ahora al modelo.

Máscaras mexicanas

Corazón apasionado disimula tu tristeza.

—canción popular

Viejo o adolescente, criollo o mestizo, general, obrero o licenciado, el mexicano se me aparece como un ser que **se encierra** y se preserva: máscara el rostro y máscara la sonrisa. Plantado en su arisca **soledad,** espinoso y cortés a un tiempo, todo le sirve para defenderse: el silencio y la palabra, la cortesía y el desprecio, la ironía y la resignación. Tan celoso de su intimidad como de la ajena, ni siquiera se atreve a rozar con los ojos al vecino: una mirada puede **desencadenar la cólera** de esas almas cargadas de electricidad. Atraviesa la vida como desollado; todo puede herirle, palabras y sospecha de palabras. Su lenguaje está lleno de reticencias, de figuras y alusiones, de puntos suspensivos; en su silencio hay repliegues, matices, nubarrones, arcoíris súbitos, amenazas indescifrables. Aun en la disputa prefiere la expresión velada a la injuria: "al buen entendedor pocas palabras". En suma, entre la realidad y su persona establece una muralla, no por invisible menos infranqueable, de impasibilidad y lejanía. El mexicano siempre está lejos, lejos del mundo y de los demás. Lejos, también de sí mismo.

El lenguaje popular refleja hasta qué punto nos defendemos del exterior: el ideal de **la "hombría"** consiste en no "**rajarse**" nunca. Los que se "abren" son cobardes. Para nosotros, contrariamente a lo que ocurre con otros pueblos, abrirse es una debilidad o una traición. El mexicano puede doblarse, humillarse, "agacharse", pero no "rajarse", esto es, permitir que el mundo exterior penetre en su intimidad. El "rajado" es de poco fiar, un traidor o un hombre de dudosa fidelidad, que cuenta los secretos y es incapaz de afrontar los peligros como se debe. Las mujeres son seres inferiores porque, al entregarse, se abren. Su inferioridad es constitucional y radica en su sexo, en su "rajada", herida que jamás cicatriza.

El hermetismo es un recurso de nuestro recelo y desconfianza. Muestra que instintivamente consideramos peligroso al medio que nos rodea. Esta reacción se justifica si se piensa en lo que ha sido nuestra historia y en el carácter de la sociedad que hemos creado. La dureza y hostilidad del ambiente—y esa **amenaza,** escondida e indefinible, que siempre flota en el aire—nos obligan a cerrarnos al exterior, como esas plantas de la meseta que acumulan sus jugos tras una cáscara espinosa. Pero esta conducta, legítima en su origen, se ha convertido en un mecanismo que funciona solo, automáticamente. Ante la simpatía y la dulzura nuestra respuesta es la reserva, pues no sabemos si esos sentimientos son verdaderos o simulados. Y además, nuestra integridad masculina corre tanto peligro ante la benevolencia como ante la hostilidad. Toda **abertura** de nuestro ser entraña una dimisión de nuestra hombría.

Nuestras relaciones con los otros hombres también están teñidas de recelo. Cada vez que el mexicano se confía a un amigo o a un conocido, cada vez que se "abre", abdica. Y teme que **el desprecio** del confidente siga a su entrega. Por eso la confidencia deshonra y es tan peligrosa para el que la hace como para el que la escucha; no nos ahogamos en la fuente que nos refleja, como Narciso, sino que la cegamos. Nuestra cólera no se nutre nada más del temor de ser utilizados por nuestros confidentes—temor general a todos los hombres—sino de la vergüenza de haber renunciado a nuestra soledad. El que se confía, **se enajena;** "me he vendido con Fulano", decimos cuando nos confiamos a alguien que no lo merece. Esto es, nos hemos "rajado", alguien ha penetrado en el castillo fuerte. La distancia entre hombre y hombre, creadora del mutuo respeto y la mutua seguridad, ha desaparecido. No solamente estamos a merced del intruso, sino que hemos abdicado.

Todas estas expresiones revelan que el mexicano considera la vida como lucha, concepción que no lo distingue del resto de los hombres modernos. El ideal de hombría para otros pueblos consiste en una abierta y agresiva disposición al combate; nosotros acentuamos el carácter defensivo, listos a repeler el ataque. El "macho" es un ser hermético, encerrado en sí mismo, capaz de guardarse y guardar lo que se le confía. La hombría se mide por la invulnerabilidad ante las armas enemigas o ante los impactos del mundo exterior. **El estoicismo** es la más alta de nuestras virtudes guerreras y políticas. Nuestra historia está llena de frases y episodios que revelan la indiferencia de nuestros héroes ante el dolor o el peligro. Desde niños nos enseñan a sufrir con dignidad las derrotas, concepción que no carece de grandeza. Y si no todos somos estoicos e impasibles—como Juárez y Cuauhtémoc—al menos procuramos ser resignados, pacientes y sufridos. La resignación es una de nuestras virtudes populares. Más que el brillo de la victoria nos conmueve la entereza ante la adversidad.

La preeminencia de lo cerrado frente a lo abierto no se manifiesta sólo como impasibilidad y desconfianza, ironía y recelo, sino como amor a la Forma. Esta contiene y encierra a la intimidad, impide sus excesos, reprime sus explosiones, la separa y aísla, la preserva. La doble influencia indígena y española se conjugan en nuestra predilección por la ceremonia, las fórmulas y el orden. El mexicano, contra lo que supone una superficial interpretación de nuestra historia, aspira a crear un mundo ordenado conforme a principios claros. La agitación y **encono** de nuestras luchas políticas prueba hasta qué punto las nociones jurídicas juegan un papel importante en nuestra vida pública. Y en la de todos los días el mexicano es un hombre que se esfuerza por ser formal y que muy fácilmente se convierte en formulista. Y es explicable. El orden—jurídico, social, religioso o artístico—constituye una esfera segura y estable. En su ámbito basta con ajustarse a los modelos y principios que regulan la vida; nadie, para manifestarse, necesita recurrir a la continua invención que exige una sociedad libre. Quizá nuestro tradicionalismo—que es una de las constantes de nuestro ser y lo que da coherencia y antiguedad a nuestro pueblo—parte del amor que profesamos a la Forma.

Las complicaciones rituales de la cortesía, la persistencia del humanismo clásico, el gusto por las formas cerradas en la poesía (el soneto y la décima, por ejemplo), nuestro amor por la geometría en las artes decorativas, por el dibujo y la composición en la pintura, la pobreza de nuestro romanticismo frente a la excelencia de nuestro arte barroco, el formalismo de nuestras instituciones políticas y, en fin, la peligrosa inclinación que mostramos por las fórmulas—sociales, morales y burocráticas—, son otras tantas expresiones de esta tendencia de nuestro carácter. El mexicano no sólo no se abre; tampoco **se derrama.**

A veces las formas nos ahogan. Durante el siglo pasado los liberales vanamente intentaron someter la realidad del país a la camisa de fuerza de la Constitución de 1857. Los resultados fueron la Dictadura de Porfirio Díaz y la Revolución de 1910. En cierto sentido la historia de México, como la de cada mexicano, consiste en una lucha entre las formas y fórmulas en que **se pretende** encerrar a nuestro ser y las explosiones con que nuestra espontaneidad se venga. Pocas veces la Forma ha sido una creación original, un equilibrio alcanzado no a expensas sino gracias a la expresión de nuestros instintos y quereres. Nuestras formas jurídicas y morales, por el contrario, **mutilan** con frecuencia a nuestro ser, nos impiden expresarnos y niegan satisfacción a nuestros apetitos vitales.

La preferencia por la Forma, inclusive vacía de contenido, se manifiesta a lo largo de la historia de nuestro arte, desde la época precortesiana hasta nuestros días. Antonio Castro Leal, en su excelente estudio sobre Juan Ruiz de Alarcón, muestra cómo la reserva frente al romanticismo—que es, por definición, expansivo y abierto—se expresa ya en el siglo XVII, esto es, antes de que siquiera tuviésemos conciencia de nacionalidad. Tenían razón los contemporáneos de Juan Ruiz de Alarcón al acusarlo de entrometido, aunque más bien hablasen de la deformidad de su cuerpo que de la singularidad de su obra. En efecto, la porción más característica de su teatro niega al de sus contemporáneos españoles. Y su negación contiene, en cifra, la que México ha opuesto siempre a España. El teatro de Alarcón es una respuesta a la vitalidad española, afirmativa, y deslumbrante en esa época, y que se expresa a través de un gran Sí a la historia y a las pasiones. Lope exalta el amor, lo heroico, lo sobrehumano, lo increíble; Alarcón opone a estas virtudes desmesuradas otras más sútiles y burguesas: la dignidad, la cortesía, un estoicismo melancólico, un pudor sonriente. Los problemas morales interesan poco a Lope, que ama la acción, como todos sus contemporáneos. Más tarde Calderón mostrará el mismo desdén por la psicología; los conflictos morales y las oscilaciones, caídas y cambios del alma humana sólo son metáforas que transparentan un drama teológico cuyos dos personajes son el pecado original y la Gracia divina. En las comedias más representativas de Alarcón, en cambio, el ciclo cuenta poco, tan poco como el viento pasional que arrebata a los personajes lopescos. El hombre, nos dice el mexicano, es un compuesto, y el mal y el bien se mezclan sutilmente en su alma. En lugar de proceder por síntesis, utiliza el análisis: el héroe se vuelve problema. En varias comedias se plantea la cuestión de la mentira: ¿hasta qué punto el mentiroso de veras miente, de veras se propone engañar?; ¿no es él la primera víctima de sus engaños y no es a sí mismo a quien engaña? El mentiroso se miente a sí mismo: tiene miedo de sí. Al plantearse el problema de la autenticidad, Alarcón anticipa uno de los temas constantes de reflexión del mexicano, que más tarde recogerá Rodolfo Usigli en ***El gesticulador.***

En el mundo de Alarcón no triunfan la pasión ni la Gracia; todo se subordina a lo razonable; sus arquetipos son los de la moral que sonríe y perdona. Al sustituir los valores vitales y románticos de Lope por los abstractos de una moral universal y razonable, ¿no se evade, no nos **escamotea** su propio ser? Su negación, como la de México, no afirma nuestra singularidad frente a la de los españoles. Los valores que postula Alarcón pertenecen a todos los hombres y son una herencia grecorromana tanto como una profecía de la moral que impondrá el mundo burgués. No expresan nuestra espontaneidad, ni resuelven nuestros conflictos; son Formas que no hemos creado ni sufrido, máscaras. Solo hasta nuestros días hemos sido capaces de enfrentar al Sí español un Sí mexicano y no una afirmación intelectual, vacía de nuestras particularidades. La Revolución mexicana, al descubrir las artes populares, dio origen a la pintura moderna; al descubrir el lenguaje de los mexicanos, creó la nueva poesía.

Si en la política y el arte el mexicano aspira a crear mundos cerrados, en la esfera de las relaciones cotidianas procura que **imperen el pudor, el recato** y la reserva ceremoniosa. El pudor, que nace de la vergüenza ante la desnudez propia o ajena, es un reflejo casi físico entre nosotros. Nada más alejado de esta actitud que el miedo al cuerpo, característico de la vida norteamericana. No nos da miedo ni vergüenza nuestro cuerpo; lo afrontamos con naturalidad y lo vivimos con cierta plenitud—a la inversa de lo que ocurre con los puritanos. Para nosotros el cuerpo existe; da gravedad y límites a nuestro ser. Lo sufrimos y gozamos; no es un traje que estamos acostumbrados a habitar, ni algo ajeno a nosotros: somos nuestro cuerpo. Pero las miradas extrañas nos sobresaltan, porque el cuerpo no vela intimidad, sino la descubre. El pudor, así, tiene un carácter defensivo, como la muralla china de la cortesía o las cercas de órganos y cactos que separan en el campo a los jacales de los campesinos. Y por eso la virtud que más estimamos en las mujeres es el recato, como en los hombres la reserva. Ellas también deben defender su intimidad.

Sin duda en nuestra concepción del recato femenino interviene la vanidad masculina del señor—que hemos heredado de indios y españoles. Como casi todos los pueblos, los mexicanos consideran a la mujer como un instrumento, ya de los deseos del hombre, ya de los fines que le asignan la ley, la sociedad o la moral. Fines, hay que decirlo, sobre los que nunca se le ha pedido su consentimiento y en cuya realización participa sólo pasivamente, en tanto que "depositaria" de ciertos valores. Prostituta, diosa, gran señora, amante, la mujer trasmite o conserva, pero no crea, los valores y energías que le confían la naturaleza o la sociedad. En un mundo hecho a la imagen de los hombres, la mujer es sólo un reflejo de la voluntad y querer masculinos. Pasiva, se convierte en diosa, amada, ser que encarna los elementos estables y antiguos del universo: la tierra, madre y virgen; activa, es siempre función, medio, canal. La feminidad nunca es un fin en sí mismo, como lo es la hombría.

En otros países estas funciones se realizan a la luz pública y con brillo. En algunos se reverencia a las prostitutas o a las vírgenes; en otros, se premia a las madres; en casi todos, se adula y respeta a la gran señora. Nosotros preferimos

ocultar esas gracias y virtudes. El secreto debe acompañar a la mujer. Pero la mujer no sólo debe ocultarse sino que, además, debe ofrecer cierta impasibilidad sonriente al mundo exterior. Ante el escarceo erótico, debe ser decente; ante la adversidad, "sufrida". En ambos casos su respuesta no es instintiva ni personal, sino conforme a un modelo genérico. Y ese modelo, como en el caso del "macho", tiende a subrayar los aspectos defensivos y pasivos, en una gama que va desde el pudor y la "decencia" hasta el estoicismo, la resignación y la impasibilidad.

La herencia hispanoárabe no explica completamente esta conducta. La actitud de los españoles frente a las mujeres es muy simple y se expresa, con brutalidad y concisión, en dos refranes: "la mujer en casa y con la pata rota" y "entre santa y santo, pared de cal y canto". La mujer es una fiera doméstica, lujuriosa y **pecadora** de nacimiento, a quien hay que someter con el palo y conducir con el "freno de la religión". De ahí que muchos españoles consideren a las extranjeras—y especialmente a las que pertenecen a países de raza o religión diversas a las suyas—como presa fácil. Para los mexicanos la mujer es un ser oscuro, secreto y pasivo. No se le atribuyen malos instintos: se pretende que ni siquiera los tiene. Mejor dicho, no son suyos sino de la especie; la mujer encarna **la voluntad** de la vida, que es por esencia impersonal, y en este hecho radica su imposibilidad de tener una vida personal. Ser ella misma, dueña de su deseo, su pasión o su capricho, es ser infiel a sí misma. Bastante más libre y pagano que el español—como heredero de las grandes religiones naturalistas precolombinas—el mexicano no condena al mundo natural. Tampoco el amor sexual está teñido de luto y horror, como en España. La peligrosidad no radica en el instinto sino en asumirlo personalmente. Reaparece así la idea de pasividad: tendida o erguida, vestida o desnuda, la mujer nunca es ella misma. Manifestación indiferenciada de la vida, es el canal del apetito cósmico. En este sentido, no tiene deseos propios.

Las norteamericanas proclaman también la ausencia de instintos y deseos, pero la raíz de su pretensión es distinta y hasta contraria. La norteamericana oculta o niega ciertas partes de su cuerpo—y, con más frecuencia, de su psiquis: son inmorales y, por lo tanto, no existen. Al negarse, reprime su espontaneidad. La mexicana simplemente no tiene voluntad. Su cuerpo duerme y sólo se enciende si alguien lo despierta. Nunca es pregunta, si no respuesta, materia fácil y vibrante que la imaginación y la sensualidad masculina esculpen. Frente a la actividad que **despliegan** las otras mujeres, que desean cautivar a los hombres a través de la agilidad de su espíritu o del movimiento de su cuerpo, la mexicana opone un cierto hieratismo, un reposo hecho al mismo tiempo de espera y desdén. El hombre revolotea a su alrededor, la festeja, la canta, hace caracolear su caballo o su imaginación. Ella se vela en el recato y la inmovilidad. Es un **ídolo.** Como todos los ídolos, es dueña de fuerzas magnéticas, cuya eficacia y poder crecen a medida que el foco emisor es más pasivo y secreto. Analogía cósmica: la mujer no busca, atrae. Y el centro de su atracción es su sexo, oculto, pasivo. Inmóvil sol secreto.

Esta concepción—bastante falsa si se piensa que la mexicana es muy **sensible** e inquieta—no la convierte en mero objeto, en cosa. La mujer mexicana, como todas las otras, es un símbolo que representa la estabilidad y continuidad de la raza. A su significación cósmica se alía la social: en la vida diaria su función consiste en hacer imperar la ley y el orden, la piedad y la dulzura. Todos cuidamos que nadie "falte al respeto a las señoras", noción universal, sin duda, pero que en México se lleva hasta sus últimas consecuencias. Gracias a ella se suavizan muchas de las asperezas de nuestras relaciones de "hombre a hombre." Naturalmente habría que preguntar a las mexicanas su opinión; ese "respeto" es a veces una hipócrita manera de sujetarlas e impedirles que se expresen. Quizá muchas preferirían ser tratadas con menos, "respeto" (que, por lo demás, se les concede solamente en público) y con más libertad y autenticidad. Esto es, como seres humanos y no como símbolos o funciones. Pero, ¿cómo vamos a **consentir** que ellas se expresen, si toda nuestra vida tiende a paralizarse en una máscara que oculte nuestra intimidad?

Ni la modestia propia, ni la vigilancia social, hacen invulnerable a la mujer. Tanto por la fatalidad de su anatomía "abierta" coma por su situación social—depositaria de la honra, a la española—está expuesta a toda clase de peligros, contra los que nada pueden la moral personal ni la protección masculina. El mal radica en ella misma; por naturaleza es un ser "rajado", abierto. Más, en virtud de un mecanismo de compensación fácilmente explicable, se hace virtud de su flaqueza original y se crea el mito de la "sufrida mujer mexicana". El ídolo—siempre vulnerable, siempre en trance de convertirse en ser humano—se transforma en víctima, pero en víctima endurecida, e insensible al sufrimiento, encallecida a fuerza de sufrir. (Una persona "sufrida" es menos sensible al dolor que las que apenas si han sido tocadas par la adversidad.) Por obra del sufrimiento, las mujeres se vuelven como los hombres: invulnerables, impasibles y estoicas.

Se dirá que al transformar en virtud algo que debería ser motivo de vergüenza, solo pretendemos descargar nuestra conciencia y encubrir con una imagen una realidad atroz. Es cierto, pero también lo es que al atribuir a la mujer la misma invulnerabilidad a que aspiramos, recubrimos con una inmunidad moral su fatalidad anatómica, abierta al exterior. Gracias al sufrimiento, y a su capacidad para resistirlo sin protesta, la mujer trasciende su condición y adquiere los mismos atributos del hombre.

Es curioso advertir que la imagen de la "mala mujer" casi siempre se presenta acompañada de la idea de actividad. A la inversa de la "abnegada madre", de la "novia que espera" y del ídolo hermético, seres estáticos, la "mala" va y viene, busca a los hombres, los abandona. Por un mecanismo análogo al descrito más arriba, su extrema movilidad la vuelve invulnerable. Actividad e **impudicia** se alían en ella y acaban por petrificar su alma. La "mala" es dura, impía, independiente, como el "macho". Por caminos distintos, ella también trasciende su fisiología y se cierra al mundo.

Es significativo, por otra parte, que el homosexualismo masculino sea considerado con cierta indulgencia, por lo que toca al agente activo. El pasivo, al contrario, es un ser degradado y abyecto. El juego de los "albures"—esto es, el combate verbal hecho de alusiones obscenas y de doble sentido, que tanto se practica en la ciudad de México—transparenta esta ambigua concepción. Cada uno de los interlocutores, a través de **trampas** verbales y de ingeniosas combinaciones linguísticas, procura anonadar a su adversario; el vencido es el que no puede contestar, el que se traga las palabras de su enemigo. Y esas palabras estan teñidas de alusiones sexualmente agresivas; el perdidoso es poseído, violado, por el otro. Sobre él caen las burlas y escarnios de los espectadores. Así pues, el homosexualismo masculino es tolerado, a condición de que se trate de una violación del agente pasivo. Como en el caso de las relaciones heterosexuales, lo importante es "no abrirse" y, simultáneamente, rajar, herir al contrario.

Me Parece que todas estas actitudes, por diversas que sean sus raíces, confirman el carácter "cerrado" de nuestras reacciones frente al mundo o frente a nuestros semejantes. Pero no nos bastan los mecanismos de preservación y defensa. **La simulación,** que no acude a nuestra pasividad, sino que exige una invención activa y que se recrea a sí misma a cada instante, es una de nuestras formas de conducta habituales. **Mentimos** por placer y fantasía, sí, como todos los pueblos imaginativos, pero también para ocultarnos y ponernos al abrigo de intrusos. La mentira posee una importancia decisiva en nuestra vida cotidiana, en la política, el amor, la amistad. Con ella pretendemos nada más engañar a los demás, sino a nosotros mismos. De ahí su fertilidad y lo que distingue a nuestras mentiras de las groseras invenciones de otros pueblos. La mentira es un juego trágico, en el que arriesgamos parte de nuestro ser. Por eso es estéril su denuncia. El simulador pretende ser lo que no es. Su actividad reclama una constante improvisación, un ir hacia adelante siempre, entre arenas movedizas. A cada minuto hay que rehacer, recrear, modificar el personaje que fingimos, hasta que llega un momento en que realidad y apariencia, mentira y verdad, se confunden. De tejido de invenciones para deslumbrar al prójimo, la simulación **se trueca** en una forma superior, por artística, de la realidad. Nuestras mentiras reflejan, simultáneamente, nuestras carencias y nuestros apetitos, lo que no somos y lo que desamos ser. Simulando, nos acercamos a nuestro modelo y a veces el gesticulador, como ha visto con hondura Usigli, se funde con sus gestos los hace auténticos. La muerte del profesor Rubio lo convierte en lo que deseaba ser: el general Rubio, un revolucionario sincero y un hombre capaz de impulsar y purificar a la Revolución estancada. En la obra de Usigli el profesor Rubio se inventa a sí mismo y se transforma en general; su mentira es tan verdadera que Navarro, el corrompido, no tiene más remedio que volver a matar en él a su antiguo jefe, el general Rubio. Mata en él la verdad de la Revolución.

Si por el camino de la mentira podemos llegar a la autenticidad, un exceso de sinceridad puede conducirnos a formas refinadas de la mentira. Cuando nos enamoramos nos "abrimos", mostramos nuestra intimidad, ya que una vieja tradición quiere que el que sufre de amor exhiba sus heridas ante la que ama. Pero al descubrir sus **llagas** de amor, el enamorado transforma su ser en una imagen, en un objeto que entrega a la contemplación de la mujer—y de sí mismo—. Al mostrarse, invita a que lo contemplen con los mismos ojos piadosos con que él se contempla. La mirada ajena ya no lo desnuda; lo recubre de piedad. Y al presentarse como espectáculo y pretender que se le mire con los mismos ojos con que él se ve, se evade del juego erótico, pone a salvo su verdadero ser, lo sustituye por una imagen. Substrae su intimidad, que se refugia en sus ojos, esos ojos que son nada más contemplación y piedad de sí mismo. Se vuelve su imagen y la mirada que contempla.

En todos los tiempos y en todos los climas las relaciones humanas—y especialmente las amorosas—corren el riesgo de volverse equívocas. Narcisismo y masoquismo no son tendencias exclusivas del mexicano. Pero es notable la frecuencia con que canciones populares, refranes y conductas cotidianas aluden al amor como falsedad y mentira. Casi siempre eludimos los riesgos de una relación desnuda a través de una exageración, en su origen sincera, de nuestros sentimientos. Asimismo, es revelador cómo el carácter combativo del erotismo se acentúa entre nosotros y se encona. El amor es una tentativa de penetrar en otro ser, pero sólo puede realizarse a condición de que la entrega sea mutua. En todas partes es difícil este abandono de sí mismo; pocos coinciden en **la entrega** y más pocos aún logran trascender esa etapa posesiva y gozar del amor como lo que realmente es: un perpetuo descubrimiento, una inmersión en las aguas de la realidad y una recreación constante. Nosotros **concebimos** el amor como conquista y como lucha. No se trata tanto de penetrar la realidad, a través de un cuerpo, como de violarla. De ahí que la imagen del amante afortunado—herencia, acaso, del Don Juan español—se confunda con la del hombre que se vale de sus sentimientos—reales o inventados—para obtener a la mujer.

La simulación es una actividad parecida a la de los actores y puede expresarse en tantas formas como personajes fingimos. Pero el actor, si lo es de veras, se entrega a su personaje y lo encarna plenamente, aunque después, terminada la representación, lo abandone como su piel la serpiente. El simulador jamás se entrega y se olvida de sí, pues dejaría de simular si se fundiera con su imagen. Al mismo tiempo, esa ficción se convierte en una parte inseparable—y espuria—de su ser: está condenado a representar toda su vida, porque entre su personaje y él se ha establecido una complicidad que nada puede romper, excepto la muerte o el sacrificio. La mentira se instala en su ser y se convierte en el fondo último de su personalidad.

Simular es inventar o, mejor, aparentar y así eludir nuestra condición. La disimulación exige mayor sutileza: el que disimula no representa, sino que quiere hacer invisible, pasar desapercibido—sin renunciar a su ser—. El mexicano excede en **el disimulo** de sus pasiones y de sí mismo. Temeroso de la mirada ajena, se contrae, se reduce, se vuelve sombra y fantasma, eco. No camina, se desliza; no propone, insinúa; no replica, rezonga; no se queja, sonríe; basta cuando canta—si no estalla y se abre el pecho—lo hace entre dientes y a media voz, disimulando su cantar:

Y es tanta la tiranía
de esta disimulación
que aunque de raros anhelos
se me hincha el corazón,
tengo miradas de reto
y voz de resignación.

Quizá el disimulo nació durante la Colonia. Indios y mestizos tenían, como en el poema de Reyes, que cantar quedo, pues "entre dientes mal se oyen palabras de rebelión". El mundo colonial ha desaparecido, pero no el temor, la desconfianza y el recelo. Y ahora no solamente disimulamos nuestra cólera sino nuestra ternura. Cuando pide disculpas, la gente del campo suele decir "Disimule usted, señor". Y disimulamos. Nos disimulamos con tal ahinco que casi no existimos.

En sus formas radicales el disimulo llega al **mimetismo.** El indio se funde con el paisaje, se confunde con la barda blanca en que se apoya por la tarde, con la tierra oscura en que se tiende a mediodía, con el silencio que la rodea. Se disimula tanto su humana singularidad que acaba por abolirla; y se vuelve piedra, pirú, muro, silencio: espacio. No quiero decir que comulgue con el todo, a la manera panteísta, ni que en un árbol aprehenda todos los árboles, sino que efectivamente, esto es, de una manera concreta y particular, se confunde con un objeto determinado.

Roger Caillois observa que el mimetismo no implica siempre una tentativa de protección contra las amenazas virtuales que pululan en el mundo externo. A veces los insectos se "hacen los muertos" o imitan las formas de la materia en descomposición, fascinados por la muerte, por la inercia del espacio. Esta fascinación—fuerza de gravedad, diría yo, de la vida—es común a todos los seres y el hecho de que se exprese como mimetismo confirma que no debemos considerar a éste exclusivamente como un recurso del instinto vital para escapar del peligro y la muerte.

Defensa frente al exterior a fascinación ante la muerte, el mimetismo no consiste tanto en cambiar de **naturaleza** como de apariencia. Es revelador que la apariencia escogida sea la de la muerte o la del espacio inerte, en reposo. Extenderse, confundirse con el espacio, ser espacio, es una manera de rehusarse a las apariencias, pero también es una manera de ser sólo Apariencia. El mexicano tiene tanto horror a las apariencias, como amor le profesan sus demagogos y dirigentes. Por eso se disimula su propio existir hasta confundirse con los objetos que lo rodean. Y así, por miedo a las apariencias, se vuelve sólo Apariencia. Aparenta ser otra cosa e incluso prefiere la apariencia de la muerte o del no ser antes que abrir su intimidad y cambiar. La disimulación mimética, en fin, es una de tantas manifestaciones de nuestro hermetismo. Si el gesticulador **acude** al disfraz, los demás queremos pasar desapercibidos. En ambos casos ocultamos nuestro ser. Y a veces lo negamos. Recuerdo que una tarde, como oyera un leve ruido en el cuarto vecino al mío, pregunté en voz alta: "¿Quién anda por ahí?" Y la voz de una criada recién llegada de su pueblo contestó: "No es nadie, señor, soy yo".

No sólo nos disimulamos a nosotros mismos y nos hacemos transparentes y fantasmales; también disimulamos la existencia de nuestros semejantes. No quiero decir que los ignoremos o los hagamos menos, actos deliberados y soberbios. Los disimulamos de manera más definitiva y radical: los ninguneamos. **El ninguneo** es una operación que consiste en hacer de Alguien, Ninguno. La nada de pronto se individualiza, se hace cuerpo y ojos, se hace Ninguno.

Don Nadie, padre español de Ninguno, posee don, vientre, honra, cuenta en el banco y habla con voz fuerte y segura. Don Nadie llena al mundo con su vacía y vocinglera presencia. Está en todas partes y en todos los sitios tiene amigos. Es banquero, embajador, hombre de empresa. Se pasea por todos los salones, lo condecoran en Jamaica, en Estocolmo y en Londres. Don Nadie es funcionario o influyente y tiene una agresiva y engreída manera de no ser. Ninguno es silencioso y tímido, resignado. Es sensible e inteligente. Sonríe siempre. Espera siempre. Y cada vez que quiere hablar, tropieza con un muro de silencio; si saluda encuentra una espalda glacial; si suplica, llora o grita, sus gestos y gritos se pierden en el vacío que don Nadie crea con su vozarrón. Ninguno no se atreve a no ser: oscila, intenta una vez y otra vez ser Alguien. Al fin, entre vanos gestos, se pierde en el limbo de donde surgió.

Sería un error pensar que los demás le impiden existir. Simplemente disimulan su existencia, obran como si no existiera. Lo nulifican, lo **anulan,** lo ningunean. Es inútil que Ninguno hable, publique libros, pinte cuadros, se ponga de cabeza. Ninguno es la ausencia de nuestras miradas, la pausa de nuestra conversación, la reticencia de nuestro silencio. Es el nombre que olvidamos siempre por una extraña fatalidad, el eterno ausente, el invitado que no invitamos, el hueco que no llenamos. Es una omisión. Y sin embargo, Ninguno está presente siempre. Es nuestro secreto, nuestro crimen y nuestro remordimiento. Por eso el Ninguneador también se ningunea; él es la omisión de Alguien. Y si todos somos Ninguno, no existe ninguno de nosotros. El círculo se cierra y la sombra de Ninguno se extiende sobre México, asfixia al Gesticulador y lo cubre todo. En nuestro territorio, más fuerte que las pirámides y los sacrificios, que las iglesias, los motines y los cantos populares, vuelve a imperar el silencio, anterior a la Historia.

Después de leer

A. Interpretaciones

Comunidad de lectores: Usen lo que prepararon en casa, inclusive las preguntas de interpretación, para comentar la lectura. Incorporen los comentarios personales que hicieron en el proceso de leer y discutan cuáles de las estrategias para leer resultaron más útiles.

1. *Los que resumen*—Utilicen las estrategias estudiadas para leer un texto largo y den una explicación del desarrollo del texto. Resuman la lectura en un sólo párrafo.
2. *Los expertos del lenguaje*—Primero, hagan una lista de las palabras claves de este ensayo. Después de la lectura y a lo largo del semestre, ¿han encontrado que las palabras claves se repiten o son generalmente específicas en cada lectura? Segundo, consideren la estructura del argumento y el uso de técnicas literarias. Paz incorpora el uso de la repitición, la analogía y el paralelismo. Identifiquen ejemplos y discutan cómo dichas técnicas facilitan la comprensión.
3. *Los intérpretes*—¿Cuáles son las ideas principales? Identifiquen varias interpretaciones sobre el contenido y el título mismo.

4. *Los moderadores*—Faciliten una discusión sobre las ideas principales de "Máscaras mexicanas". Ayuden a la clase a hacer un esquema del tema y los puntos de apoyo. Luego, dirijan una discusión sobre la actitud de Paz hacia los mexicanos y las mexicanas. Asegúrense de que haya opiniones contrastantes. Si predomina un cierto punto de vista, hagan lo posible por exponer a la clase un punto de vista contrario.

B. Hablemos personalmente

1. ¿Es verdad que somos seres sociales y que nos gusta formar parte de grupos? ¿Por qué? ¿Por razones de interés mutuo? ¿Por qué necesitamos la ayuda de otras personas y nos sentimos inseguros para hacer frente a las adversidades? ¿Cuáles son los grupos en que participas tú, por ejemplo, clubes en la universidad o en tu ciudad? ¿Por qué decidiste asociarte a dicho grupo?
2. ¿Cómo caracterizarías tú estos distintos grupos en que interactúas? A menudo, las personas pertenecen a varios grupos: de algún deporte, de la iglesia, o de un pasatiempo como baile, lectura, costura o juegos de ordenador. Incluso forman grupos las familias y los grupos étnicos. ¿Es necesario ser miembro del grupo para describirlo o se puede hacer esa caracterización aún sin formar parte del grupo?
3. Solemos usar los estereotipos para caracterizar grupos distintos, como los atletas, los estudiosos o los de otras nacionalidades. Piensen en los estereotipos de varios grupos. ¿En qué aspectos son útiles para reflejar una realidad y en qué aspectos perpetúan una imagen equivocada o distorcionada?

C. En mis palabras

1. Reflexiona sobre el significado de "grupo". Escoge algún grupo que se autocaracterice como tal y escribe algunos párrafos sobre los aspectos positivos y negativos del grupo.

PASO 2 ESCRIBIR POR MODELOS

La escritura analítica: El análisis social

Los sociólogos son investigadores que exploran las cuestiones de la sociedad, cómo vivimos a solas y cómo vivimos en grupo. Estudian los sistemas y funciones de las distintas comunidades dentro de una sociedad. El trabajo del sociólogo combina los modelos estudiados de la descripción, la argumentación y la exposición.

Estrategias para escribir: El ensayo de investigación secundaria

¡Manual! El Manual contiene un estudio comprensivo del uso de las preposiciones.

Hay dos tipos de trabajo de investigación, la investigación primaria y la investigación secundaria. La investigación primaria consiste en hacer nueva investigación sobre un tema y exponer más información al campo de estudio y la investigación secundaria consiste en hacer un repaso de todo el material que ya existe sobre un tema, interpretarlo, sintetizarlo y ofrecer una nueva interpretación de lo que ya se ha estudiado. Todo ensayo de investigación plantea un interrogante y ofrece una respuesta. No es un resumen, ni una opinión, ni una simple crítica, sino una re-interpretación propia del material existente. Este tipo de investigación secundaria exige varios pasos:

1. *Plantear la pregunta.* Pensar en el tema y cuál es la pregunta que te sugiere. La respuesta es la tesis del trabajo.

2. *Buscar la información que ya existe sobre el tema.* Es imprescindible conocer todo lo que se ha escrito sobre el tema. Se empieza con fuentes generales (textos de referencia, una enciclopedia, o la red), y luego se pasa a fuentes más específicas. La mayoría de las fuentes generales se refiere a otras más específicas de investigadores que quizás se hayan dedicado a explorar el tema. Hay que intentar investigar bien el tema con una variedad de fuentes: textos de clase, estudios específicos, páginas de la red o entrevistas con otros investigadores.

3. *Evaluar las fuentes.* Con la cantidad de recursos que existen hoy en día, es necesario seleccionar las mejores fuentes. Hay que averiguar las fuentes de las fuentes, por así decirlo. Muchas páginas en la red presentan una opinión en vez de un análisis. ¿Cómo se evalúan las fuentes para seleccionar las mejores? Primero, debes tener más de una o dos referencias. Segundo, repasa las fuentes, notando el nivel de experiencia del autor y si la información es una opinión o un análisis apoyado. Tercero, manten el enfoque de tu tesis y evita la inclusión de información que abarca el mismo tema, pero con poca relación con tu tesis particular.

4. *Organizar la información.* Haz un resumen de cada fuente elegida, resaltando el argumento principal. No olvides incluir la información bibliográfica de cada fuente. Agrupa los resúmenes según categorías de apoyo de tu tesis. Luego haz un bosquejo incorporando toda la información.

5. *Escribir el ensayo.* Una vez que hayas organizado toda la información en categorías (agrupando las ideas relacionadas), empieza tu primer borrador. Se presenta un posible modelo para la estructura:

I. Introducción
   a. el tema del ensayo: plantear la pregunta
   b. presentación de la tesis: ofrece una respuesta
   c. mención de categorías del apoyo
   d. definiciones de términos claves en el ensayo
II. Desarrollo: varios párrafos según la cantidad de información
   a. puntos de apoyo
   b. puntos en contra
   c. respuesta a los puntos en contra

III. Conclusión
  a. por qué es razonable la tesis
  b. qué implicaciones mayores tiene mi perspectiva (la tesis)
  c. preguntas adicionales que se podrían hacer o áreas para estudiar

Práctica

Selecciona algún tema corriente en la sociedad. Con algunos compañeros de clase, construyan un bosquejo de un posible ensayo sobre el tema: planteen la pregunta y edítenla, escojan fuentes buenas, evalúen las fuentes escogidas, piensen en las distintas respuestas a la pregunta y decidan la estructura del ensayo.

PASO 3 REDACTAR POR MODELOS

Estrategias del proceso: Cinco advertencias para los escritores

Presentamos a continuación cinco advertencias para evitar una escritura desviada.

1. *No escribas de forma vaga ni general*—Oraciones tales como, "El tema es muy interestante" son oraciones vacías que no ofrecen ninguna información de la tesis. Asegúrate de que cada oración sea precisa. Una buena prueba es averiguar que ni el sujeto ni el predicado se podrían reemplazar con un sinfín de otros sujetos o predicados.

   ejemplo general: Los deportes son muy interestantes.
   prueba: se podría sustituir un sinfin de deportes y adjetivos.

   ejemplo preciso: El fútbol es el deporte que requiere mayor condición física de los atletas porque consiste en poder correr unas horas seguidas.

2. *Evita los clichés*—Estas frases no requieren ninguna lectura activa de parte del lector. Es mejor usar tus propias ideas y oraciones porque resultan más vivas y precisas, y dan una interpretación movedora o contraria a lo esperado.

   ejemplos de cliché: el amor es ciego; echar la casa por la ventana

3. *Explica el uso de las citas*—Las citas existen para apoyar ideas y no deben estar solas. Debes integrar las citas dentro del hilo del argumento y ofrecer comentario de cada cita utilizada.
4. *No escribas ideas generales de un texto sin apoyarlas*—Una escritura de análisis sobre un texto requiere apoyo explícito de la lectura.

5. *No entregues un ensayo con errores de estructura, ni de ortografía' ni de descuidados tipográficos, los cuales indican una falta de atención o cuidado*—Revisa una vez más el ensayo antes de entregarlo.

Claves de la composición: Diferenciar entre la cita, el resumen y el plagio

Escribir ensayos de investigación da origen a un tipo de desafío especial: cómo distinguir entre nuestras propias ideas y las que hemos citado o estudiado de otros. Se espera que busques información adicional, pero también que escribas un ensayo que tenga tu voz. Es imprescindible seguir los pasos anteriormente expuestos de cómo realizar un ensayo de investigación. Incorpora las ideas de otros, bien citadas, pero evita que el ensayo sea sólo un resumen de otros.

El plagio es la utilización de la obra de otro sin referencia correcta. Ejemplos de plagio incluyen la incorporación de ideas externas sin nombrar a ninguna fuente, la mención de una idea de otro sin incluir la referencia explícita y la inclusión de otra obra con referencia incorrecta. Incluso la información sacada de la red, y de escritores anónimos, debe ser citada. Otra forma de plagio menos obvio es la incorporación de ayuda de otros; hay que tener cuidado con el tipo de ayuda que recibes de los demás estudiantes o los asistentes particulares (tutores). Se espera que busques ayuda de otro redactor al momento de revisar los borradores, pero asegúrate que el ensayo consista en tu propia interpretación crítica con tu voz y estilo.

Estrategias para editar: Las citas

¡Manual! Recordando la información tratada aquí sobre la investigación secundaria y las citas, pasemos al modelo estudiantil en el Manual. Lo usamos para averiguar el uso suficiente y no el sobreuso de fuentes, y para asegurarnos que la forma de citar sea correcta.

PASO 4 CREAR NUESTROS MODELOS

Ahora nos toca escribir un análisis social, incorporando todo lo estudiado sobre los métodos y las estrategias para escribir un ensayo de investigación. Escoge uno de los siguientes temas:

1. Escribe un ensayo de 4 a 5 páginas en el que caracterices algún grupo social. No tiene que ser únicamente un grupo según una nacionalidad o una raza; puede ser también un grupo de la universidad (un club), un grupo de aficionados de algo (los que coleccionan estampillas) o un grupo profesional (la policía como grupo). No debe ser una lista de los rasgos de tal grupo, sino un análisis del motivo por el que existe el grupo. ¿Cómo se define? ¿Cómo se distingue de otros? ¿Cuál es el núcleo del grupo? ¿Hay orden o jerarquía dentro del grupo? ¿Qué posibles problemas afrenta u ocasiona?

2. Escribe un ensayo pensando en un tema social corriente. Plantea una pregunta, crea una tesis sobre el asunto y redacta el ensayo haciendo uso de puntos de apoyo y referencias.

Lista de verificación para entregar con el ensayo.

¡OJO! Antes de entregar:

1. ____ He hecho una escritura libre y varios borradores.
2. ____ He creado un título y una primera oración apropiados.
3. ____ He determinado una perspectiva.
4. ____ Hay una tesis y apoyo consistente con el tema y la perspectiva.
5. ____ He prestado atención a la introducción y la conclusión.
6. ____ La selección de tiempo verbal y de voz sirve el propósito.
7. ____ La separación y la transición entre párrafos tienen sentido.
8. ____ No hay generalizaciones y he practicado la precisión y la concisión.
9. ____ He prestado atención al registro y maneras de realizarlo.
10. ____ He distinguido entre el análisis, el resumen y la opinión.
11. ____ He apoyado mis puntos con evidencia del texto o fuentes de referencia bien citadas.
12. ____ He prestado atención a las cinco advertencias para escritores.
13. ____ Pensando en la clave editorial, he prestado atención a los aspectos de la organización, el estilo y la gramática.

GLOSARIO

Paz, "Máscaras mexicanas"

(la) abertura: una raja, un corte, un hueco
acude (acudir): usa (figurado)
amenaza: una manera de asustar, anticipar algo indeseable
anulan (anular): cancelan
concebimos (concebir): pensamos, ocurrírsenos, crearnos
consentir: permitir
se derrama (derramarse): se revela (figurado)
despliegan (desplegar): muestran
el desprecio: sin aprecio
desencadenar la cólera: hacer enfadarse

el disimulo: la manera de esconder una reacción o emoción
se enajena (enajenarse): se aleja, se distancia
se encierra (encerrarse): no deja entrar
(el) encono: la furia, el rencor
la entrega: la acción de darle a otra persona
escamotea (escamotear): esconde
el estoicismo: mantenerse sin emoción
el gesticulador: hace movimientos faciales o con la mano
el hermetismo: bien reservado, encerrado
la hombría: lo relacionado a ser hombre
un ídolo: objeto de admiración
imperen (imperar): se impone, prevalecen
(la) impudicia: sin vergüenza
(las) llagas: las heridas
(las) máscaras: disfraz típico de la cara durante días de carnaval
mentimos (mentir): no decimos la verdad
el mimetismo: la acción de imitar
mutilan (mutilar): hieren
(la) naturaleza: la esencial de algo o la manera de ser
el ninguneo: el negar
ocultar: esconder
(una) pecadora: persona que desobedece mandatos de su religión
pretende (pretender): intenta
el pudor, el recato: la modestia, actuar con timidez
rajarse: cortarse, "abrirse"
sensible: responde emocionalmente
la simulación: acción de simular, representar lo que no es
la soledad: ser solitario, falta de compañía
las trampas: los peligros
se trueca (trocarse): se transforma, se intercambia
la voluntad: el deseo, la motivación para realizar algo

Capítulo 11

Escritor científico

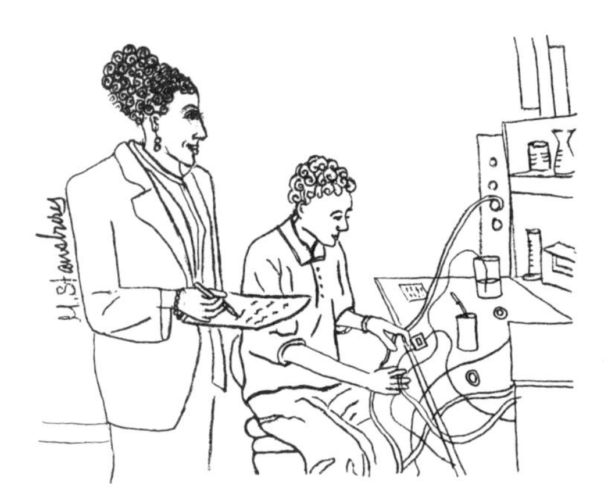

Modelos: Escritor científico

Conoceremos ahora el modelo del escritor científico. Entramos en un mundo post-moderno, pero con un tratamiento científico. El científico investiga para crear nuevas tecnologías, muchas de las cuales nos facilitan la vida diaria. Piensa en los últimos veinte años: ¿Qué avances tecnológicos consideras más importantes? ¿Qué aspectos de nuestra vida han cambiado gracias a la tecnología, por ejemplo en las formas de comunicación, la producción agrícola, y los sistemas de medicina? Usaremos el modelo del científico para continuar con el estudio de la escritura analítica y para entrar en cuestiones sobre la tecnología y su papel en la actualidad.

En el Capítulo 10 leímos un ensayo de Octavio Paz en el que nos presenta su perspectiva sobre el mexicano. En este capítulo, Marco Denevi presenta su visión del mundo actual, a pesar de que escribió este cuento hace unos 30 años. Igual que Paz, Denevi explora la naturaleza del ser humano, pero a diferencia de Paz, que se expresa directamente y con tono serio, Denevi lo hace de modo indirecto y hasta humorístico. Denevi se concentra en las características humanas disfrazadas por un animal apropiado. Utiliza un modelo muy antiguo: la fábula hecha famosa por un escritor de la Antigua Grecia llamado Esopo.

Aquí tenemos que decidir cuáles son las ventajas y desventajas de disfrazar dichas características por medio de modelos de animales. Dentro de toda fábula existe una moraleja que también exploraremos.

Modelos de lectura:
- entender una fábula
- el simbolismo

Modelos de escritura:
- un análisis comparativo
- el toque personal

Manual de gramática:
- los imperativos

Manual de redacción:
- evaluar un ensayo

PASO 1 LEER POR MODELOS

Modelo: Marco Denevi, "Las abejas de bronce"

Comunidad de lectores.

La fábula constituye otro género de la literatura. Cumplan con sus papeles de la comunidad considerando el género: ¿facilitan la comprensión las fábulas o no? ¿Cómo enfatizan o no el propósito del escritor?

INVESTIGADORES:

a. Busquen información sobre Marco Denevi y su época.

b. Ayuden al grupo a entender el concepto de la fábula, buscando información sobre el género. ¿Cuáles son los elementos? ¿Cuál es el propósito de una fábula?

Antes de leer

Escritor argentino, además de abogado y después funcionario público, Denevi (1922–1998) empezó su carrera literaria con una novela que ganó un premio literario. Desde entonces siguió una producción literaria de novelas, dramas y cuentos. El cuento, "Las abejas de bronce", salió en un libro de cuentos en que los protagonistas son animales, género conocido como la fábula. El escritor presenta aspectos exagerados de esos animales/seres humanos.

En la época en que escribía Denevi, apenas había empezado la "revolución" de la tecnología en que los aparatos mecánicos sustituyen a los seres humanos o animales en las funciones que cumplen; dicha revolución ha evolucionado hasta la computadora de hoy en día. Como verán, Denevi anticipó la llegada de tales usos de la tecnología cuando pocos se la imaginaban, considerando las ventajas y las desventajas de los avances tecnológicos.

En vista del título y de la información presentada por los investigadores, piensa en posibles temas del cuento. ¿Qué te imaginas que va a suceder en el cuento? ¿Cómo terminará? ¿Qué será una abeja de bronce?

"Las abejas de bronce"

Desde el principio del tiempo **el Zorro** vivió de **la venta de la miel.** Era, aparte de una tradición de familia, una especie de vocación hereditaria. Nadie tenía la maña del Zorro para tratar a las Abejas (cuando las Abejas eran unos animalitos vivos y muy irritables) y hacerles rendir al máximo. Esto por un lado.

Por otro lado el Zorro sabía entenderse con **el Oso,** gran consumidor de miel y, por lo mismo, su mejor cliente. No resultaba fácil llevarse bien con el Oso. El Oso era un sujeto un poco brutal, un poco salvaje, al que la vida al aire libre, si le proporcionaba una excelente salud, lo volvía de una rudeza de manera que no todo el mundo estaba dispuesto a tolerarle.

(Incluso el Zorro, a pesar de su larga práctica, tuvo que sufrir algunas experiencias desagradables en ese sentido.) Una vez, por ejemplo, a causa de no sé qué cuestión baladí, el Oso destruyó de **un zarpazo** la balanza para pesar la miel. El Zorro no se inmutó ni perdió su sonrisa. *(Lo **enterrarán** con la sonrisa puesta,* decía de él, desdeñosamente, su tío el Tigre.) Pero le hizo notar al Oso que, conforme a la ley, estaba obligado a indemnizar aquel perjuicio.

—Naturalmente—se rió el Oso—te indemnizaré. Espera que corro a indemnizarte. No me alcanzan las piernas para correr a indemnizarte.

Y lanzaba grandes carcajadas y se golpeaba **un muslo** con la mano.

—Sí—dijo el Zorro con su voz tranquila—, sí, le aconsejo que se dé prisa, porque las Abejas se impacientan. Fíjese, señor.

Y haciendo un ademán teatral, un ademán estudiado, **señaló las colmenas.** El Oso se fijó e instantáneamente dejó de reír. Porque vio que millares de abejas habían abandonado los panales y con el rostro rojo de cólera, el ceño fruncido y la boca crispada, lo miraban de hito en hito y parecían dispuestas a atacarlo.

—No aguardan sino mi señal—agregó el Zorro, dulcemente. Usted sabe, detestan **las groserías.**

El Oso, que a pesar de su fuerza era **un fanfarrón,** palideció de miedo.

—Está bien, Zorro—balbuceaba—, repondré la balanza. Pero por favor, dígales que no me miren así, ordéneles que vuelvan a sus colmenas.
—¿Oyen, queriditas?—dijo el Zorro melifluamente, dirigiéndose a las Abejas—. El señor Oso nos promete traernos otra balanza.

Las Abejas **zumbaron** a coro. El Zorro las escuchó con expresión respetuosa. De tanto en tanto asentía con la cabeza y murmuraba:

—Sí, sí, conforme. Ah, se comprende. ¿Quién lo duda? Se lo transmitiré.

El Oso no cabía en su vasto pellejo.

—¿Qué es lo que están hablando, Zorro? Me tienes sobre ascuas.

El Zorro lo miró fijo.

—Dicen que la balanza deberá ser flamante.
—Claro está, flamante. Y ahora, que se vuelvan.
—Niquelada.
—De acuerdo, niquelada.
—Fabricación extranjera.
—¿También eso?
—Preferentemente suiza.
—Ah, no, es demasiado. Me extorsionan.
—Repítalo, señor Oso. Más alto. No lo han oído.
—Digo y sostengo que. . . Está bien, está bien. Trataré de complacerlas. Pero ordénales de una buena vez que regresen a sus panales. Me ponen nervioso tantas caras de abeja juntas, mirándome. El Zorro hizo un ademán raro, como un ilusionista, y las Abejas, después de lanzar al Oso una última mirada amonestadora, desaparecieron dentro de las colmenas. El Oso se alejó, un tanto **mohino** y con la vaga sensación de que lo habían engañado. Pero al día siguiente reapareció trayendo entre sus brazos una balanza flamante, niquelada, con una chapita de bronce donde se leía: *Made in Switzerland.*

Lo dicho: el Zorro sabía manejar a las Abejas y sabía manejar al Oso. Pero, ¿a quién no sabía manejar ese zorro del Zorro?

Hasta que un día se inventaron las abejas artificiales.

Sí. Insectos de bronce, dirigidos electrónicamente, a control remoto (como decían los prospectos ilustrativos), podían hacer el mismo trabajo que las Abejas vivas. Pero con enormes ventajas. No se fatigaban, no **se extraviaban,** no quedaban atrapadas en **las redes** de las arañas, no eran devoradas por los Pájaros; no se alimentaban, a su vez, de miel, como las Abejas naturales (miel que en la contabilidad y en el alma del Zorro figuraba con grandes cifras rojas); no había, entre ellas, ni reinas, ni zánganos; todas iguales, todas obreras, todas dóciles, obedientes, fuertes, activas, de vida ilimitada, resultaban, en cualquier sentido que se considerase la cuestión, infinitamente superiores a las Abejas vivas.

El Zorro en seguida vio el negocio, y no dudó. Mató todos sus **enjambres,** demolió las colmenas de cera, con sus ahorros compró mil abejas de bronce y su correspondiente colmenar también de bronce, mandó instalar el tablero de control, aprendió a manejarlo, y una mañana los animales presenciaron, atónitos, cómo las abejas de bronce atravesaban por primera vez el espacio.

El Zorro no se había equivocado. Sin levantarse siquiera de su asiento, movía **una palanquita,** y una nube de abejas salía rugiendo hacia el norte, movía otra palanquita, y otro grupo de abejas disparaba hacia el sur, un nuevo movimiento de palanca, y un tercer enjambre se lanzaba en dirección al este, *et sic de ceteris.* Los insectos de bronce volaban raudamente, a velocidades nunca vistas, con una especie de zumbido amortiguado que era como el eco de otro zumbido; se precipitaban como una flecha sobre **los cálices,** sorbían rápidamente el néctar, volvían a levantar vuelo, regresaban a la colmena, se incrustaban cada una en su alvéolo, hacían unas rápidas contorsiones, unos ruiditos secos, *tric, trac, cruc,* y a los pocos instantes destilaban la miel, una miel pura, limpia, dorada, incontaminada, aséptica; y ya estaban en condiciones de recomenzar. Ninguna distracción, ninguna fatiga, ningún **capricho,** ninguna cólera. Y así las veinticuatro horas del día. El Zorro no cabía en sí de contento.

La primera vez que el Oso probó la nueva miel puso los ojos en blanco, hizo chasquear la lengua y, no atreviéndose a opinar, le preguntó a su mujer:

—Vaya, ¿qué te parece?
—No sé—dijo ella—. Le siento **gusto a** metal.
—Sí, yo también.

Pero sus hijos protestaron a coro:

—Papá, mamá, qué disparate. Si se ve a la legua que esta miel es muy superior. Superior en todo sentido. ¿Cómo pueden preferir aquella otra, elaborada por **unos bichos** tan sucios? En cambio ésta es más limpia, más higiénica, más moderna y, en una palabra, más miel.

El Oso y la Osa no encontraron razones con que rebatir a sus hijos y permanecieron callados. Pero cuando estuvieron solos insistieron:

—Qué quieres, sigo prefiriendo la de antes. Tenía un sabor. . .
—Sí, yo también. Hay que convenir, eso sí, en que la de ahora viene pasteurizada.

Pero aquel sabor. . . .

—Ah, aquel sabor. . .

Tampoco **se atrevieron** a decirlo a nadie, porque, en el fondo, se sentían orgullosos de servirse en un establecimiento donde trabajaba esa octava maravilla de las abejas de bronce.

—Cuando pienso que, bien mirado, las abejas de bronce fueron inventadas exclusivameme para nosotros. . . —decía la mujer del Oso.

El Oso no añadía palabra y aparentaba indiferencia, pero por dentro estaba tan ufano como su mujer.

De modo que por nada del mundo hubieran dejado de comprar y comer la miel destilada por las abejas artificiales. Y menos todavía cuando notaron que los demás animales también acudían a la tienda del Zorro a adquirir miel, no porque les gustase la miel, sino a causa de las abejas de bronce y para alardear de modernos. Y, con todo esto, las ganancias del Zorro crecían como un incendio en el bosque. Tuvo que tomar a su servicio un ayudante y eligió, después de meditarlo mucho, al Cuervo, sobre todo porque le aseguró que aborrecía la miel. Las mil abejas fueron pronto cinco mil; las cinco mil, diez mil. Se comenzó a hablar de las riquezas del Zorro como de una fortuna fabulosa. El Zorro se sonreía y se frotaba las manos.

Y entretanto los enjambres iban, venían, salían, entraban. Los animales apenas podían seguir con la vista aquellas ráfagas de puntos dorados que cruzaban sobre sus cabezas. Las únicas que, en lugar de admirarse, pusieron el grito en el cielo, fueron las Arañas, esas **analfabetas.** Sucedía que las abejas de bronce atravesaban las telarañas y las hacían pedazos.

—¿Qué es esto? ¿El fin del mundo?—chillaron las damnificadas la primera vez que ocurrió la cosa. Pero como alguien les explicó luego de qué se trataba, amenazaron al Zorro con iniciarle **pleito.** ¡Qué estupidez! Como decía la mujer del Oso:

—Es la eterna lucha entre la luz y la sombra, entre el bien y el mal, entre la civilización y la barbarie.

También los Pájaros se llevaron una sorpresa. Porque uno de ellos, en la primera oportunidad en que vio una abeja de bronce, abrió el pico y se la tragó. ¡Desdichado! La abeja metalica le **desgarró** las cuerdas vocales, se le embutió en el buche y allí le formó un tumor, de resultas del cual falleció al poco tiempo, en medio de los más crueles sufrimientos y sin el consuelo del canto, porque había quedado mudo. Los demás Pájaros escarmentaron.

Y cuando ya el Zorro paladeaba su prosperidad, comenzaron a aparecer los inconvenientes. Primero una nubecita, después otra nubecita, basta que todo el cielo amenazó tormenta.

La serie de desastres quedó inaugurada con el episodio de las rosas artificiales. Una tarde, al vaciar una colmena, el Zorro descubrió entre la miel rubia **unos goterones** grises, opacos, de un olor nauseabundo y **sabor acre.** Tuvo que tirar toda la miel restante, que había quedado contaminada. Pronto supo, y por la colérica boca de la víctima, el origen de aquellos goterones repugnantes. Había sucedido que las abejas de bronce, desprovistas de instintos, confundieron un ramo de rosas artificiales de propiedad de la Gansa con rosas naturales, y cayendo sobre ellas les sorbieron la cera pintada de que estaban hechas y las dejaron convertidas en un guiñapo. El Zorro no solamente debió de sufrir la pérdida de la miel, sino indemnizar a la Gansa por daños y perjuicios.

—Malditas abejas—vociferaba mentalmente—. Las otras jamás habían caído en semejante error. Tenían un instinto infalible. Pero quién piensa en las otras. En fin, nada es perfecto en este mundo.

Otro día, una abeja, al introducirse como una centella en la corola de una azucena, **degolló** a **un Picaflor** que se encontraba allí alimentándose. La sangre del pájaro tiñó de rojo la azucena. Pero como la abeja, insensible a olores y sabores, no atendía sino sus impulsos eléctricos, libó néctar y sangre, todo junto. Y la miel apareció después con un tono rosa que alarmó al Zorro. Felizmente su empleado le quitó la preocupación de encima.

—Si yo fuese usted, Patrón—le dijo con su vocecita ronca y su aire de solterona—, la vendería como miel especial para niños.

—¿Y si resultase venenosa?

—En tan desdichada hipótesis yo estaría muerto, Patrón.

—Ah, de modo que la ha probado. De modo que mis subalternos me roban la miel. ¿Y no me juró que la aborrecía?

—Uno se sacrifica, y vean cómo le pagan—murmuró **el Cuervo,** poniendo cara de dignidad ultrajada—. La aborrezco, la aborreceré toda mi vida. Pero quise probarla para ver si era venenosa. Corrí el riesgo por usted. Ahora, si cree que he procedido mal, despídame, Patrón.

¿Qué querían que hiciese el Zorro, sino seguir el consejo del Cuervo? Tuvo un gran éxito con la miel rosa especial para niños. La vendió íntegramente. Y nadie se quejó. (El único que pudo quejarse fue el Cerdo, a causa de ciertas veleidades poéticas que asaltaron por esos días a sus hijos. Pero ningún Cerdo que esté en su sano juicio es capaz de relacionar la extraña locura de hacer versos con un frasco de miel tinta en la sangre de un Picaflor.)

El Zorro se sintió a salvo. Pobre Zorro, ignoraba que sus tribulaciones iban a igualar a sus abejas.

Al cabo de unos días observó que los insectos tardaban cada vez más tiempo en regresar a las colmenas.

Una noche, encerrados en la tienda, él y el Cuervo consideraron aquel nuevo enigma.

—¿Por qué tardan tanto?—decía el Zorro—¿A dónde diablos van? Ayer un enjambre demoró cinco horas en volver. La producción diaria, así, disminuye, y los gastos de electricidad aumentan. Además, esa miel rosa la tengo todavía atravesada en la garganta. A cada momento me pregunto: ¿Qué aparecerá hoy? ¿Miel verde? ¿Miel negra? ¿Miel azul? ¿Miel salada?

—Accidentes como el de las flores artificiales no se han repetido, Patrón. Y en cuanto a la miel rosa, no creo que tenga de qué quejarse.

—Lo admito. Pero ¿y este misterio de las demoras? ¿Qué explicación le encuentra?—Ninguna. Salvo. . .

—¿Salvo qué?

El Cuervo cruzó gravemente las piernas, juntó las manos y miró hacia arriba.

—Patrón—dijo, después de reflexionar unos instantes—. Salir y vigilar a las abejas no es fácil. Vuelan demasiado rápido. Nadie, o casi nadie, puede seguirlas. Pero yo conozco un pájaro que, si se le unta la mano, se ocuparía del caso. Y le doy mi palabra que no volvería sin haber averiguado la verdad.

—¿Y quién es ese pájaro?

—Un servidor.

El Zorro abrió la boca para cubrir de injurias al Cuervo, pero luego lo pensó mejor y optó por aceptar. Pues cualquier recurso era preferible a quedarse con los brazos cruzados, contemplando la progresiva e implacable **disminución** de las ganancias.

El Cuervo regresó muy tarde, **jadeando** como si hubiese vuelto volando desde la China. (El Zorro, de pronto, sospechó que todo era una farsa y que quizá su empleado conocía la verdad desde el primer día.) Su cara no hacía presagiar nada bueno.

—Patrón—balbuceó—, no sé cómo decírselo. Pero las abejas tardan, y tardarán cada vez más, porque no hay flores en la comarca y deben ir a libarlas al extranjero.

—Cómo que no hay flores en la comarca. ¿Qué tontería es esa?

—Lo que oye, Patrón. Parece ser que las flores, después que las abejas les han sorbido el néctar, se doblan, se debilitan y se mueren.

—¡Se mueren! ¿Y por qué se mueren?

—No resisten **la trompa** de metal de las abejas.

—¡Diablos!

—Y no termina ahí la cosa. La planta, después que las abejas le asesinaron las flores. . .

—¡Asesinaron! Le prohibo que use esa palabra.

—Digamos mataron. La planta, después que las abejas le mataron sus flores, se niega a florecer nuevamente. Consecuencia: en toda la comarca no hay más flores. ¿Qué me dice, Patrón?

El Zorro no decía nada. Nada. Estaba alelado.

Y lo peor es que el Cuervo no mentía. Las abejas artificiales habían devastado las flores del país. Entonces pasaron a los países vecinos, después a los más próximos, luego a los menos próximos, más tarde a los remotos y lejanos, y así, de país en país, dieron toda la vuelta al mundo y regresaron al punto de partida.

Ese día los Pájaros se sintieron invadidos de una extraña **congoja,** y no supieron por qué. Algunos, inexplicablemente, se suicidaron. El Ruiseñor quedó afónico y los colores del Petirrojo palidecieron. Se dice que ese día ocurrieron extraños acontecimientos. Se dice que, por ejemplo, los ríos dejaron de correr y las fuentes, de cantar. No sé. Lo único que sé es que, cuando las abejas de bronce, de país en país, dieron toda la vuelta al mundo, ya no hubo flores en el campo, ni en las ciudades, ni en los bosques, ni en ninguna parte.

Las abejas volvían de sus viajes, anidaban en sus alvéolos, se contorsionaban, hacían *tric, trac, cruc,* pero el Zorro no recogía ni una miserable gota de miel. Las abejas regresaban tan vacías como habían salido.

El Zorro se desesperó. Sus negocios se desmoronaron. **Aguantó** un tiempo gracias a sus reservas. Pero incluso estas reservas **se agotaron.** Debió despedir al Cuervo, cerrar la tienda, perder la clientela.

El único que no se resignaba era el Oso.

—Zorro—vociferaba—, o me consigues miel o te levanto la tapa de los sesos.

—Espere. Pasado mañana recibiré una partida del extranjero—le prometía el Zorro. Pero la partida del extranjero no llegaba nunca.

Hizo unas postreras tentativas. Envió enjambres en distintas direcciones. Todo inútil. El *tric, trac, cruc* como una burla, pero nada de miel.

Finalmente, una noche el Zorro desconectó los cables, destruyó el tablero de control, enterró en un pozo las abejas de bronce, recogió sus dineros y a favor de las sombras huyó con rumbo desconocido.

Cuando iba a cruzar la frontera escuchó a sus espaldas unas risitas y unas vocecitas de vieja que lo llamaban.

—¡Zorro! ¡Zorro!

Eran las Arañas, que a la luz de la luna tejían sus telas prehistóricas.

El Zorro les hizo una mueca obscena y se alejó a grandes pasos.

Desde entonces nadie volvió a verlo jamás.

Después de leer

A. Interpretaciones

Usen lo que prepararon en casa, incluyendo las preguntas de interpretación y la información presentada por los investigadores, para abrir una discusión.

1. *Los que resumen*—Preparen un resumen del cuento, incluyendo el argumento y una descripción de los personajes.
2. *Expertos del lenguaje*—Preparen un análisis del tipo del lenguaje utilizado, dando ejemplos. Expliquen brevemente las palabras claves en la lectura.
3. *Intérpretes*—¿Cuál es el tema del cuento? Sabiendo que las fábulas incluyen una moraleja, ¿cuál es la moraleja del cuento?
4. *Moderadores*—¿Qué aspectos de la vida contemporánea se encuentran reflejados en el cuento? ¿Cómo simbolizan estos animales a los seres humanos? ¿Cómo se puede relacionar el papel de la tecnología en el cuento con el avance de la automatización?

B. Hablemos personalmente

1. ¿Qué opinas personalmente sobre las ventajas y las desventajas de las máquinas modernas que supuestamente nos facilitan la vida? Buenos ejemplos son el uso del teléfono celular y del correo electrónico: ¿cómo influyen en nuestras relaciones personales estos avances de la comunicación?
2. Se habla mucho del concepto de la inteligencia artificial, es decir, que en un futuro no muy lejano las máquinas van a estar capacitadas para funcionar como los seres humanos. ¿Qué piensas de ello?
3. ¿Logra convencernos Denevi de su perspectiva sobre la tecnología? ¿Cómo comparamos su estilo con el de Octavio Paz o Carmen Naranjo?

C. En mis palabras

1. Escoge un aparato que uses diariamente. ¿Cómo sería tu vida sin dicho aparato? Describe el aparato y luego discute las ventajas y desventajas del mismo.
2. En grupos, debatan sobre el efecto de la tecnología en la vida de hoy en día.

Estrategias para leer: Entender el simbolismo

Identificamos anteriormente el simbolismo como una de las técnicas utilizadas en la escritura y ahora vamos a explorar distintas maneras de usarlo. El simbolismo consiste en usar un elemento para representar a otro; el elemento concreto se refiere a una idea abstracta. El agua, por ejemplo, puede simbolizar la creación o la renovación. A las estaciones del año se les asignan también significados distintos: la primavera puede indicar la nueva vida mientras el invierno, la llegada de la muerte.

Categorizamos el simbolismo literario en dos grupos: símbolos explícitos/generales y símbolos implícitos/particulares:

a. Un símbolo explícito/general es un objeto con referente bastante conocido, de significado común y de uso frecuente en la literatura, tales como los mencionados anteriormente, el agua y las estaciones. Otros ejemplos de símbolos explícitos son los colores primarios. El rojo a menudo señala el amor y el verde, la esperanza. Un símbolo general puede tener más de una representación, pero cada uno es conocido. El color verde, por ejemplo, indica los celos tanto como la esperanza. Los escritores, sabiendo la representación típica de un símbolo, pueden optar por incluirlo para señalar tal idea abstracta; pero también pueden romper con lo esperado al dar una representación nueva o contraria a un símbolo.
b. Un símbolo implícito/particular es un objeto sin referente muy conocido. Adquiere referente particular dentro de la obra. En la obra de Denevi, ¿encuentran símbolos particulares, por ejemplo, la miel? O también se puede pensar en el gallinazo en "Un día de estos", de Márquez. Este pájaro que come carne muerta representa la decadencia o la corrupción.

    Al leer, debemos prestar atención al uso de simbolismo. Debemos acercarnos a cada texto con la pregunta, "¿Qué me presenta el autor y qué símbolos no tan obvios existen?"

Práctica

Prepara un análisis del simbolismo presente en el texto de Denevi, en el que discutas los posibles significados de varios símbolos.

PASO 2 ESCRIBIR POR MODELOS

La escritura analítica: El análisis comparativo

Para continuar el desarrollo de la escritura analítica, pasamos ahora al análisis comparativo. El científico sirve de modelo, puesto que el trabajo del científico es investigar la información que ya existe sobre un tema, crear una hipótesis sobre posibles investigaciones, experimentar con la hipótesis, comparar sus resultados con los que existen y procurar acertar las posibles consecuencias positivas y negativas. Igual que los científicos, los escritores usan un proceso de comparación analítica para investigar un tema y crear una nueva hipótesis sobre ello. Hay varias maneras de comparación, como podemos ver con ejemplos de las lecturas del semestre:

a. *la comparación de obras distintas:* "Mi tío Cirilo" de Ulibarrí y "Máscaras mexicanas" de Paz. Mientras que Ulibarrí presenta un retrato familiar de un hombre, visto por su sobrino, Paz ofrece un trato directo sobre su perspectiva sobre el mexicano. Los dos comunican algo del carácter del hombre, pero uno es cuento de ficción y el otro es ensayo directo.

b. *la comparación entre elementos:* el simbolismo en "Versos sencillos" de Martí y "Las abejas de bronce" de Denevi. Martí observa lo siguiente: "Mi verso es de un verde claro/y de un carmín encendido". Denevi usa los animales para representar las características de los seres humanos; por ejemplo el zorro ejemplifica la codicia.
c. *la comparación de obras del mismo autor:* "Un día de éstos" y "Los habitantes de la ciudad" de Márquez. Se puede estudiar el lenguaje y el estilo de Márquez, buscando diferencias del tratamiento del control político en las dos lecturas.
d. *la comparación entre dos lecturas con el mismo tema:* el autorretrato en "Borges y yo" de Borges y el poema, "Los versos sencillos", de Martí. Las dos obras exploran cuestiones de identidad.
e. *la comparación dentro de una misma obra:* los personajes dentro de "Los fabricantes de carbón" de Quiroga. El padre y Rienzi comparten rasgos que les permiten sobrevivir en un ambiente desafiante.

Práctica

1. Reflexiona sobre los textos leídos este semestre e identifica otros posibles ejemplos de análisis comparativo que se podrían realizar. Comparte tus ideas con la clase.
2. Escoge uno de los ejemplos presentados anteriormente de comparación, o utiliza uno de los ejemplos adicionales encontrados por la clase, y construye un bosquejo del desarrollo de la comparación.

Estrategias para escribir: La estructura del análisis comparativo

¡Manual! En el Manual hay explicación de las formas imperativas.

Anteriormente estudiamos métodos para identificar la comparación en la lectura y para utilizar la comparación en la escritura, en términos de estilo, para dar más vida a la composición. Ahora vemos unas recomendaciones para la estructura del análisis comparativo:

a. *comparar los mismos elementos:* Si vas a comparar el uso de la metáfora, el lenguaje figurado y el simbolismo dentro de dos obras, asegúrate de tratar el mismo elemento para cada obra. Si se quiere comparar dos obras, deberían de existir elementos comunes. Antes de empezar, utiliza uno de los procesos de generar ideas, como "La estrella" o "El colador", para determinar el tipo de semejanzas/diferencias entre las dos obras.

b. *escribir con una estructura organizada, coherente, y lógica:* La comparación tiene que ser sistemática. Es útil hacer un esquema de los elementos de cada obra. Con el esquema, construye el orden que vas a seguir.

c. *mantener una idea clara del propósito y del desarrollo:* Para no perderte en los detalles, evita la trampa de caer en resumir o citar en exceso. Es cuestión de repasar lo escrito y darle coherencia. Piensa en el propósito de la comparación, apoya tu tesis y presenta un argumento contrario.

PASO 3 REDACTAR POR MODELOS

Estrategias del proceso: El cuaderno personal

Mantener un cuaderno personal nos puede resultar muy útil. En él puedes escribir sin la presión de tener que entregar una tarea en particular. Casi todos los profesionales que hemos visto usan su propia forma de cuaderno personal. A los reporteros se les pinta con su bloc de datos, a los abogados con su portafolio de argumentos y a los científicos con una libreta donde guardan los apuntes de sus investigaciones.

Para estudiantes de español, el cuaderno personal ofrece varias ventajas: inculcar la costumbre de escribir diariamente en español, lo que mantiene vivas las habilidades lingüísticas; practicar libremente con varios estilos sin temor a ser criticados; explorar nuestro estilo y voz como escritores, jugando con nuevas ideas de forma abierta; y mantener una lista de palabras e ideas que nos gusten, que podemos incorporar en otras composiciones.

Práctica

Si nunca has hecho uso de un cuaderno personal, hazlo por una semana entera. No tiene que ser un proceso complicado. Usa un cuaderno que ya tengas a la mano o compra uno sencillo, o algo especial. Debes pasar de 5 a 10 minutos cada día, escribiendo en español, pensamientos personales o comentarios sobre el contenido de la clase.

Claves de la composición: El toque personal

Cada ensayo que escribimos, ya sea de índole analítica o profesional, es un producto personal. Cada uno de los escritores que hemos estudiado tiene sus propios recursos y técnicas que muestran su estilo particular. Igual nos pasa a nosotros. Sin embargo, los estilos personales no son fijos; podemos cambiar el estilo según el propósito del texto. Conviene reconocer lo siguiente:

a. Dado el hecho de que el ensayo presenta nuestra voz, no hace falta incluir cláusulas explícitas, tales como "En mi opinión. . . ", "Yo creo que. . . ", o "Para mí. . . ".
b. Al revisar un ensayo, pregúntate constántemente si en dicho ensayo has alcanzado una coherencia de tesis, apoyo, y estilo. ¿Cómo refleja tu voz?
c. Ten la libertad de incorporar aspectos del lenguaje o del estilo que le den cierto carácter personal al ensayo. Puede ser un tipo de lenguaje, una técnica literaria o una estructura particular que prefieras.

Veamos dos modelos de presentar una descripción:

Ulibarrí. Volvamos al retrato de Tío Cirilo de Ulibarrí. Lo describe bajo la perspectiva de un niño, el sobrino. La decisión de usar los ojos de un niño le permite utilizar un lenguaje informal que casi parece relato narrado oralmente al lector. Tanto la selección de vocabulario, como el tipo de oraciones, revela una sencillez. Incluye oraciones breves, inclusive fragmentos.

Pero dentro de tal sencillez, hay muestras de un ojo adulto; sabemos que es, a fin de cuentas, un retrato escrito por alguien con más madurez que un niño. Aunque es el "niño" el que inicia el cuento con, "Era grande, era fuerte, era gordo," parece que es otro personaje más adulto el que continúa, "Su bigote negro y denso era desafío y amenaza"; no es común que un niño incorpore tal lenguaje metafórico. También hay momentos de ironía y humor, como las oraciones, "Algunos decían que Cresencia andaba armado . . . . Otros decían que el difunto no andaba armado. El difunto, claro, no dijo nada."

Esta combinación de voz júvenil e informal con la de una voz mayor y sabia crea una representación acesible y estilísticamente rica. El retrato es revelado de forma directa.

Márquez. Mientras Ulibarrí presenta el retrato con un estilo informal y humorístico, Márquez le describe al dentista en "Un día de estos" con un estilo sútil y tenso. No hay narrador explícito sino uno omnisciente, lo cual indica más distancia entre el lector y el personaje. Al principio el narrador ofrece unas palabras descriptivas del dentista, pero principalmente lo vamos conociendo por sus acciones y el desenlace de la trama.

"Don Aurelio Escobar, dentista sin título y buen madrugador, abrió su gabinete a las seis. Sacó de la vidriera una dentadura . . . y puso sobre la mesa un puñado de instrumentos que ordenó de mayor a menor, como en una exposición."

"Cuando tuvo las cosas dispuestas sobre la mesa rodó la fresa hacia el sillón de resortes y se sentó a pulir la dentadura postiza. Parecía no pensar en lo que hacía, pero trabajaba con obstinación, pedaleando en la fresa incluso cuando no se servía de ella."

En comparación con Ulibarrí, Márquez utiliza oraciones largas, coordinadas y subordinadas. Aunque no hay mucha descripción directa del dentista, por las acciones expuestas sabemos que el dentista es hombre trabajador, quieto, pensador y obstinado. La descripción indirecta y sútil aumenta la tensión deseada entre el dentista y el alcalde. Ulibarrí, en cambio, expresa la intimidad entre familiares bajo la perspectiva del niño y el humor. En fin, los dos escritores realizan retratos amplios de su personaje de manera muy distinta que corresponde con el propósito del texto.

Estrategias para editar: La voz personal

¡Manual! Leamos el modelo presentado en el Manual para ver cómo el escritor universitario ha presentado su toque personal, y ofrezcamos unas sugerencias.

PASO 4 CREAR NUESTROS MODELOS

Ahora nos toca el papel del científico. Pensemos en el mundo de las investigaciones científicas, las responsabilidades del científico, y el papel que hace en el mundo de hoy en día. Escoge uno de los siguientes temas:

1. Escoge algún aparato tecnológico en la vida. ¿Ha mejorado la vida este aparato? Desarrolla un análisis comparativo de dos aparatos y establece una hipótesis sobre las posibles consecuencias positivas y negativas para los seres humanos.
2. Escribe una fábula al estilo de Denevi, en la que propongas alguna hipótesis sobre la tecnología y sus posibles consecuencias. Necesitas conocer bien el uso del objeto.

Lista de verificación para entregar con el ensayo.

¡OJO! Antes de entregar:

1. ____ He hecho una escritura libre y varios borradores.
2. ____ He creado un título y una primera oración apropiados.
3. ____ He decidido una perspectiva, como marco, en el ensayo.
4. ____ Hay una tesis y apoyo consistente con el tema y la perspectiva.
5. ____ He prestado atención a la introducción y la conclusión.
6. ____ La selección de tiempo verbal y de voz sirve el propósito.

7. ____ La separación y la transición entre párrafos tienen sentido.
8. ____ No hay generalizaciones y he practicado la precisión y la concisión.
9. ____ He prestado atención al registro y maneras de realizarlo.
10. ____ He realizado un análisis comparativo con puntos de apoyo bien citados.
11. ____ He prestado atención a las cinco advertencias para escritores.
12. ____ He escrito con el tono apropiado para el público indicado.
13. ____ El ensayo refleja mi propio estilo y el propósito deseado.
14. ____ Pensando en la clave editorial, he prestado atención a los aspectos de la organización, el estilo y la gramática.

GLOSARIO

Denevi, "Las abejas de bronce"

las abejas: los insectos que van de flor en flor y producen miel
se agotaron (agotarse): se acabaron
aguantó (aguantar): toleró
los analfabetas: personas que no saben leer
se atrevieron (atreverse): tuvieron el valor
unos bichos: unos insectos
los calices: la parte interior de la flor
(el) capricho: un antojo
las colmenas: el hogar de las abejas
una congoja: una tristeza
el cuervo: un pájaro negro, grande
degolló (degollar): mató al cortar el cuello
desgarró (desgarrar): destrozó, rompió de pedazos
la disminución de ganancias: bajan los ingresos
los enjambres: colección de abejas
enterrarán (enterrar): meterán al cadáver en el cementerio
se extraviaban (extraviarse): se perdían
un fanfarrón: el que trata de salirse con lo suyo
unos goterones: unas gotas grandes
las groserías: las descortesías
gusto a: sabe a
jadeando (jadear): respirando rápidamente por falta de aire
un mohino: ponerse malhumorado
un muslo: la parte superior de la pierna
el oso: un animal grande y feroz de las sierras
una palanquita: una vara pequeña
un picaflor: un pajarito que se alimenta de las flores
(el) pleito: un caso en la corte, una pelea

las redes: la trampa para atrapar insectos o peces
(el) sabor acre: un gusto áspero, poco agradable
señaló (señalar): indicó
la trompa: un tubo largo, como la nariz de los elefantes
la venta: el negocio de vender un producto
un zarpazo: un golpe fuerte de la mano, o la pata
el zorro: un animal de cola larga
zumbaron (zumbar): el sonido de las abejas al volar

Capítulo 12

Escritor escritor

Modelos: Escritor escritor

En éste, nuestro capítulo final, vamos a combinar todos los modelos en un modelo único: el del escritor. Hemos explorado las funciones de muchas profesiones para aprender a realizar un trabajo amplio y comprensivo en la lectura y la escritura: el fotógrafo, el escultor, el reportero, el pintor, el cuentista, el crítico, el abogado, el crítico literario, el sociólogo, y el científico. Cada modelo nos ofreció una nueva perspectiva de la escritura. Ahora veremos al escritor como escritor: nuestra jornada termina donde empezamos, es decir, con las preguntas de identidad, pero esta vez conscientes de todo lo que significa ser escritor.

Vamos a repasar cada paso—de leer, escribir, redactar, y crear—con el fin de reflexionar en lo estudiado. Es el momento también de tomar decisiones. No sólo te corresponde pensar en cada modelo, sino también ofrecer tus propias recomendaciones como escritor con una voz y un estilo propios. La tarea entonces es la de estudiarte a ti mismo como modelo de escritor. Vas a considerar todas las composiciones que has hecho en el curso, evaluarlas y pensar en tu proceso de escribir un ensayo. Puesto que la escritura beneficia de un proceso colaborativo, también vas a compartir tus comentarios sobre el proceso tuyo e identificar las áreas en las que todavía deseas desarrollar tu estilo.

El modelo del capítulo es "La cámara oscura" de Angélica Gorodischer. Trata de preguntas de auto-identidad, exploradas por las perspectivas de dos generaciones y por los géneros.

Modelos de lectura:
- estrategias para leer
- estrategias para discutir

Modelos de escritura:
- estrategias para escribir
- estrategias para redactar

Manual de gramática:
- los verbos compuestos

Manual de redacción:
- la autocrítica

PASO 1 LEER POR MODELOS

Modelo: Angélica Gorodischer, "La cámara oscura"

Comunidad de lectores.

En este capítulo final seguimos los pasos de la preparación individual y la discusión y análisis en grupo para comprender la obra. Al terminar la discusión, consideren las ventajas, si las hay, de leer y discutir una obra dentro de una comunidad de lectores.

INVESTIGADORES:

a. Busquen información sobre Gorodischer y su época.
b. Busquen información sobre la cámara oscura. Traten de encontrar unas ilustraciones de ella y ofrezcan una hipótesis sobre la selección de este objeto como título.

Antes de leer

Angélica Gorodischer (1929–) nació en Buenos Aires aunque considera a la ciudad del interior, Rosario, su ciudad "nativa". Ha publicado cuentos y novelas y es una de las pocas mujeres de habla hispana que escribe ciencia ficción. Femenista arraigada, Gorodischer presenta en este cuento un doble marco de la situación de la mujer de hace un siglo y la de un período más contemporáneo. En él, se halla una riqueza de temas: la mujer, los deshabilitados, los inmigrantes, las relaciones familiares y la belleza. Al leer el cuento, piensen en las posibles interpretaciones.

"La cámara oscura"

—A Chela Leyba

Ahora resulta que mi abuela Gertrudis es un personaje y que en esta casa no se puede hablar mal de ella. Así que como yo siempre hablé mal de ella y toda mi familia también, lo que he tenido que hacer es **callarme** y no decir nada, ni nombrarla siquiera. Hágame el favor, quien entiende a las mujeres. Y eso que yo no me puedo quejar: mi Jaia es de lo mejorcito que hay. Al lado de ella yo soy bien poca cosa: no hay más que verla, como que en la colectividad todo el mundo la empezó a mirar con ganas en cuanto cumplió los quince, tan rubia y con esos ojos y esos modos y la manera que tiene de levantar la cabeza, que no hubo **shotjen** que no pensara en casarla bien, pero muy bien, por lo menos con uno de los hijos del viejo Saposnik el de los repuestos para automotores, y para los dieciséis ya la tenían loca a mi suegra con ofrecimientos y que esto y que lo otro y que tenía que **apuntar** bien alto. Y esa misma Jaia que se casó conmigo y no con uno de esos ricachones, aunque a mí, francamente, tan mal no me va, ella que a los treinta es más linda que a los quince y que ni se le nota que ya tiene dos hijos grandes, Duvedl y Batia, tan parecidos a ella pero que sacaron mis ojos negros, eso sí, esa misma Jaia que siempre es tan dulce y suave, se puso **hecha una fiera** cuando yo dije que la foto de mi abuela Gertrudis no tenía por qué estar encima de la chimenea en un marco dorado con adornos que le deben haber costado sus buenos pesos, que no me diga que no. Y esa foto, justamente.

Ésa.

—Que no se vuelva a hablar del asunto—me dijo Jaia cuando yo le dije que la sacara—,ni se te ocurra. Yo puse la foto ahí y ahí se queda.
—Bueno, está bien—dije yo—, pero por lo menos no esa foto.
—Y qué otra, vamos a ver, ¿eh?—dijo ella—Si fue la única que se sacó en su vida.
—Menos mal—dije yo—,**¡zi es gevein tzi miss!**

Ni acordarme quiero de lo que dijo ella.

Pero es cierto que era fea mi abuela Gertrudis, fea **con ganas,** chiquita, flaca, negra, **chueca, bizca,** con unos anteojos redondos de armazón de metal ennegrecido que tenían una patilla rota y arreglada con unas vueltas de piolín y un nudo, siempre vestida de negro desde el pañuelo en la cabeza hasta las zapatillas. En cambio mi abuelo León tan buen mozo, tan grandote, con esos **bigotazos** de rey y vestido como un señor que parece que llena toda la foto, y los ojos que le brillan como dos faroles. Apenas si se la ve a mi abuela al lado de él, eso es una ventaja. Para colmo están alrededor todos los hijos que también eran grandotes y buenos mozos, los seis varones y las dos mujeres: mis tíos Aarón, Jaime, Abraham, Salo e Isidoro; y Samuel, mi padre, que era el más chico de los varones. Y mis tías Sara y Raquel están sentadas en el suelo cerca de mi abuelo. Y atrás se ven los árboles y un pedazo de la casa.

Es una foto bien grande, en cartulina gruesa, medio de color marrón como eran entonces, así que bien caro le debe haber sido **el marco dorado** con adornos y no es que yo me fije en esas cosas: Jaia sabe que puede darse sus gustos y que yo nunca le he hecho faltar nada ni a ella ni a mis hijos, y que mientras yo pueda van a tener de todo y no van a ser menos que otros. Faltaba más.

Por eso me duele esto de la foto sobre el estante de mármol de la chimenea pero claro que mucho no puedo protestar porque la culpa es mía y nada más que mía por andar hablando demasiado. Y por qué no va a poder un hombre contarle a su mujer cosas de su familia, vamos a ver; casi diría que ella tiene derecho a saber todo lo que uno sabe. Y sin embargo cuando le conté a Jaia lo que había hecho mi abuela Gertrudis, medio en broma y medio en serio, quiero decir que un poco divertido como para quitarle importancia a la tragedia y un poco indignado como para demostrar que yo sé que lo que es justo es justo y que no he sacado las malas inclinaciones de mi abuela, cuando se lo conté una noche de verano y que volvíamos de un cine con refrigeración y habíamos comprado helados y los estábamos comiendo en la cocina los dos solos porque los chicos dormían, ella dejó de comer y cuando terminó **golpeó** con la cuchara en la mesa y me dijo que no lo podía creer.

—Pero es cierto—dije yo—, claro que es cierto. Pasó así nomás como te lo conté.

—Ya sé—dijo Jaia y se levantó y se paró al lado mío con los brazos cruzados y mirándome enojada—, ya sé que pasó así, no lo vas a haber inventado vos. Lo que no puedo creer es que seas tan desalmado como para reírte de ella y decir que fue una mala mujer.

—Pero Jaia—alcancé a decir.

—Qué pero Jaia ni qué nada—me gritó. Menos mal que no **me enteré** de eso antes que nos casáramos. Menos mal para vos, porque para mí es una desgracia venir a enterarme a esta altura de mi vida que estoy casada con un bruto sin sentimientos.

Yo no entendía nada y ella se fue dando un portazo y me dejó solo en la cocina, solo y pensando qué sería lo que había dicho yo que la había puesto tan furiosa. Fui hasta la puerta pero cambié de idea y me volví. Hace diez años que estamos casados y la conozco muy bien, aunque pocas veces la había visto tan enojada. Mejor dejar que se tranquilizara. Me comí lo que quedaba de mi helado, guardé en el congelador los que habíamos traído para los chicos, le pasé el repasador a la mesa y dejé los platos en la pileta. Me fijé que la puerta y la ventana que dan al patio estuvieran bien cerradas, apagué la luz y me fui a acostar. Jaia dormía o se hacía la que dormía. Me acosté y miré el techo que se veía gris con la luz que entraba por la ventana abierta. La toqué apenas:

—Jaia—le dije—, **mein taier meidale**—como cuando éramos novios.

Nada. Ni se movió ni me contestó, ni respiró más fuerte ni nada. Está bien, pensé, si no quiere no quiere, ya se le va a pasar. Puse la mano en su lugar y cerré los ojos. Estaba medio dormido cuando voy y miro el techo gris otra vez porque me había parecido que la oía llorar. Pero debo haberme equivocado, no era para tanto. Me dormí de veras y a la mañana siguiente era como si no hubiera pasado nada.

Pero ese día cuando vuelvo del negocio casi de noche, cansado y con hambre, qué veo. Eso, **el retrato** de mi abuela Gertrudis en su marco dorado con adornos encima de la chimenea.

—¿De dónde sacaste eso?—le dije, señalándoselo con el dedo.

—Estaba en el estante de arriba del placard—me dijo ella con una gran sonrisa—, con todas las fotos de cuando eras chico que me regaló tu madre.

—Ah, no—dije yo y alargué las manos como para sacarlo de ahí.

—Te advierto una cosa, Isaac Rosenberg—me dijo muy despacio y yo me di cuenta de que iba en serio porque ella siempre me dice Chaqui como me dicen todos y cuando me dice Isaac es que no está muy contenta y nunca me ha dicho con **el apellido** antes salvo una vez—, te advierto que si sacás esa foto de ahí yo me voy de casa y me llevo los chicos.

Lo decía de veras, yo la conozco. Sé que lo decía de veras porque aquella otra vez que me había llamado por mi nombre y mi apellido también me **había amenazado** con irse, hacía mucho de eso y no teníamos los chicos y para decir la verdad las cosas no habían sido como ella creyó que habían sido pero mejor no hablar de eso. Yo bajé las manos y las metí en los bolsillos y pensé que era un capricho y que bueno, que hiciera lo que quisiera, que yo ya iba a tratar de convencerla de a poco. Pero no la convencí; no la convencí nunca y la foto sigue ahí. A Jaia se le pasó el enojo y dijo bueno vamos a comer que hice kuguel de arroz.

Lo hace con la receta de mi suegra y ella sabe que me gusta como para comerme tres platos y yo sé que ella sabe y ella sabe que yo sé, por algo lo había hecho. Me comí nomás tres platos pero no podía dejar de pensar en por qué Jaia se había puesto así, por qué quería tener la foto encima de la chimenea y qué tenía mi abuela Gertrudis para que se armara en mi casa tanto lío por ella.

Nada, no tenía nada, ni nombre tenía, ni un buen y honesto nombre judío, Sure o Surke, como las abuelas de los demás, no señor: Gertrudis. Es que no hizo nunca nada bien ni a tiempo, ni siquiera nacer. Como que mis bisabuelos venían en barco con tres hijos y mi bisabuela **embarazada.** De Rusia venían, pero habían salido de Alemania para Buenos Aires en el "Madrid" y cuando el barco atracó, en ese mismo momento a mi bisabuela le empezaron los dolores del parto y ya creían que mi abuela iba a nacer en cubierta entre los baúles y los canastos y los paquetes y la gente que iba y venía, aunque todavía no sabían que lo que venía era una chica. Pero mi bisabuelo y los hijos tuvieron que ir a tierra porque ya iban pasando casi todos y mi bisabuela quedó allá arriba retorciéndose y viendo a su familia ya en tierra argentina y entonces pensó que lo mejor era que ella también bajara y su hijo fuera argentino. Despacito, de a poco, agarrándose de la baranda y con un marinero que la ayudaba, fue bajando. Y en medio de **la planchada,** ¿qué pasa? Sí, justamente, en medio de la planchada nació mi abuela. Mi bisabuela se dejó caer sobre los maderos y allí mismo, con ayuda del marinero alemán que gritaba algo que nadie entendía salvo los otros marineros alemanes, y de una mujer que subió corriendo, llegó al mundo el último hijo de mi bisabuela, mi abuela Gertrudis.

De entrada nomás ya hubo lío con ella. Mi abuela, ¿era argentina o era alemana? Yo creo que ni a la Argentina ni a Alemania les importaba un pito la nacionalidad de mi abuela, pero los empleados de inmigración estaban llenos de reglamentos que no decían nada sobre un caso parecido y no sabían qué hacer. Aparte de que parece que mi bisabuela se las traía y a pesar de estar recién parida empezó a **los alaridos** que su hija era argentina como si alguien entendiera lo que gritaba y como si con eso le estuviera haciendo un regalo al país al que acababa de llegar, y qué regalo.

Al final fue argentina, no sé quién lo resolvió ni cómo, probablemente algún empleado que estaba apurado por irse a almorzar, y la anotaron en el puerto como argentina llegada de Alemania aunque no había salido nunca de acá para allá, y otro lío hubo cuando le preguntaron a mi bisabuelo el nombre. Habían pensado en llamarlo Ichiel si era varón, pero con todos **los apurones** del viaje no se les había ocurrido que podía ser una chica y que una chica también necesita un nombre. Mi bisabuelo miró a su mujer que parece que era lo que hacía siempre que había que tomar una decisión, pero a ella se le habían terminado las energías con los dolores, los pujos, la bajada por la planchada, los alaridos y los reclamos sobre la nacionalidad de su hija que a todo esto berreaba sobre un mostrador envuelta en un saco del padre.

—Póngale Gertrudis, señor, es un lindo nombre—dijo el empleado de inmigración.
—¿Cómo?—dijo mi bisabuelo, claro que en ruso.
—Mi novia se llama Gertrudis—dijo el tipo.

Mi bisabuelo supo recién después, al salir del puerto con la familia, el equipaje y la recién nacida, lo que el empleado había dicho, porque se lo tradujo Naum Waisman que había ido a buscarlos con los dos hijos y el carro, pero para entonces mi abuela ya se llamaba Gertrudis.

—Sí, sí—dijo mi bisabuelo medio aturdido.
—Gertrudis, ¿entiende? es un lindo nombre—dijo el empleado.
—Gertrudis—dijo mi bisabuelo como pudo y pronunciando mal las erres, y así le quedó porque así la anotaron en el puerto.

De los otros **líos,** los que vinieron después con el registro civil y la partida de nacimiento, más vale no hablar. Eso sí, por un tiempo todo estuvo tranquilo y no pasó nada más. Es decir, sí pasó, pero mi abuela no tuvo nada que ver.

Pasó que estuvieron un mes en lo de Naum hasta aclimatarse, y que después se fueron al campo. Allí mi bisabuelo trabajó como tantero pero en pocos años se compró **la chacra** y la hizo progresar, al principio trabajando de sol a sol toda la familia y después ya más aliviados y con peones; y todo anduvo bien, tan bien que hasta compró unas cuantas hectáreas más hasta que llegó a tener una buena propiedad.

Para ese entonces mi abuela Gertrudis tenía quince años y ya era horrible. Bizca había sido desde que nació en la planchada del barco alemán, pero ahora era esmirriada y chueca y parecía muda, tan poco era lo que hablaba. Mi bisabuelo tenía un montón de amigos en los campos vecinos y en el pueblo adonde iban todos los viernes a la mañana a quedarse hasta el sábado a la noche en lo de un primo hermano de mi bisabuela. Pero ni él ni su mujer tenían muchas esperanzas de casar a esa hija fea y antipática. Hasta que apareció mi abuelo León como una bendición del cielo.

Mi abuelo León no había nacido en la planchada de un barco, ni alemán ni de ninguna otra nacionalidad. Había nacido como se debe, en su casa, o mejor dicho en la de sus padres, y desde ese momento hizo siempre lo que debía y cuando debía, por eso todo el mundo lo quería y lo respetaba y nadie se río de él y nadie pensó que era **una desgracia** para la familia.

Era **viudo** y sin hijos cuando apareció por lo de mis bisabuelos, viudo de Ruth Bucman que había muerto hacía un año. Parece que a mi bisabuela ya le habían avisado de qué se trataba porque lavó y peinó y perfumó a su hija y le recomendó que no hablara aunque eso no hacía falta, y que mirara siempre al suelo para que no se le notara la bizquera que eso era útil pero tampoco hacía falta, y para que de paso se viera que era una niña inocente y tímida.

Y así fue como mi abuelo León se casó con mi abuela Gertrudis, no a pesar de que fuera tan fea sino precisamente porque era tan fea. Dicen que Ruth Bucman era la muchacha más linda de toda la colectividad, de toda la provincia, de todo el país y de toda América. Dicen que era pelirroja y tenía unos ojos verdes almendrados y una boca como el pecado y **la piel** muy blanca y las manos largas y finas; y dicen que ella y mi abuelo León hacían una pareja como para darse vuelta y quedarse mirándolos. También dicen que ella tenía **un genio** endemoniado y que les hizo la vida imposible a su padre, a su madre, a sus hermanos, a sus cuñadas, a sus sobrinos, a sus vecinos y a todo el pueblo. Y a mi abuelo León mientras estuvo casada con él.

Para colmo no tuvo hijos: ni uno solo fue capaz de darle a su marido, a lo mejor nada más que para hacerlo quedar mal, porque hasta ahí parece que llegaba el veneno de esa mujer. Cuando murió, mi abuelo largó un suspiro de alivio, durmió dos días seguidos, y cuando se levantó se dedicó a descansar, a ponerse brillantina en el bigote y a irse a caballo todos los días al pueblo a visitar a los amigos que Ruth había ido alejando de la casa a fuerza de gritos y de malos modos.

Pero eso no podía seguir así por mucho tiempo; mi abuelo León era todo un hombre y no estaba hecho para estar solo toda la vida, aparte de que la casa se estaba viniendo abajo y necesitaba la mano de una mujer, y el campo se veía casi abandonado y algunos habían empezado a **echarle el ojo** calculando que mi abuelo lo iba a vender casi por nada. Fue por eso que un año después del velorio de su mujer mi abuelo decidió casarse, y acordándose del infierno por el que había pasado con Ruth, decidió casarse con la más fea que encontrara. Y se casó con mi abuela Gertrudis.

La fiesta duró tres días y tres noches en la chacra de mi bisabuelo. Los músicos se turnaban en el galpón grande y las mujeres no daban abasto en la cocina de la casa, en la de los peones y en dos o tres fogones y hornos que se habían improvisado al aire libre. Mis bisabuelos **tiraron la casa por la ventana** con gusto. Hay que ver que no era para menos, si habían conseguido sacarse de encima semejante clavo y casarla con el mejor candidato en cien leguas a la redonda.

Mi abuela no estuvo los tres días y las tres noches en la fiesta. Al día siguiente nomás de la ceremonia ya empezó a trabajar para poner en orden la casa de su marido y a los nueve meses nació mi tío Aarón y un año después nació mi tío Jaime y once meses después nació mi tío Abraham y así. Pero ella no paró nunca de trabajar. Hay que ver las cosas que contaba mi tía Raquel de cómo se levantaba antes que amaneciera y preparaba la comida para todo el día, limpiaba la casa y salía a trabajar en el campo; y de cómo cosía de noche mientras todos dormían y les hacía las camisas y las bombachas y hasta la ropa interior a los hijos y al marido y los vestidos a las hijas y las sábanas y los manteles y toda la ropa de la casa; y de los dulces y las confituras que preparaba para el invierno, y de cómo **sabía manejar** a los animales, enfardar, embolsar y ayudar a cargar los carros. Y todo eso sin decir una palabra, siempre callada, siempre mirando al suelo para que no se le notara la bizquera. Hay que reconocer que le alivió el trabajo a mi abuelo León, chiquita y flaca como era, porque tenía el aguante de dos hombres juntos. A la tarde mi abuelo ya no tenía nada más que hacer: se emperifollaba y se iba para el pueblo en su mejor caballo, con los arneses de lujo con los que mi abuela ya se lo tenía ensillado, y como a ella no le gustaba andar entre la gente, se quedaba en la chacra y seguía **dale que dale.** Y así pasó el tiempo y nacieron los ocho hijos y dicen mis tías que ni con los partos mi abuela se quedó en cama o dejó de trabajar un solo día.

Por eso fue más terrible todavía lo que pasó. Cierto que mi abuelo León no era ningún santo y cierto que le gustaban las mujeres y que él les gustaba a ellas, y cierto que alguna vecina mal intencionada le fue con **chismes** a mi abuela y que ella no dijo nada ni hizo ningún escándalo ni lloró ni gritó, cierto; y eso que mi abuelo se acordó de repente de Ruth Bucman y anduvo unos días con el rabo entre las piernas no fuera que a mi abuela le fuera a dar por el mismo lado. No digo que él haya estado bien, pero ésas son cosas que una mujer sabe que hay que perdonarle a un hombre, y francamente no había derecho a hacerle eso a mi abuelo, ella que tendría que haber estado más que **agradecida** porque mi abuelo se había casado con ella. Y más cruel fue todo si se piensa en la ironía del destino, porque mi abuelo les quiso dar una sorpresa y hacerles un regalo a todos sus hijos y a sus hijas. Y a mi abuela Gertrudis también, claro.

Un día, mientras estaban los ocho hijos y mi abuelo León comiendo y mi abuela iba y venía con las cacerolas y las fuentes, mi abuelo contó que había llegado al pueblo un fotógrafo **ambulante** y todos preguntaron cómo era y cómo hacía y qué tal sacaba y a quiénes les había hecho fotografías. Y mis tías le pidieron a mi abuelo que las llevara al pueblo a sacarse una foto cada una. Entonces mi abuelo se rió y dijo que no, que él ya había hablado con el fotógrafo y que al día siguiente iba a ir con sus máquinas y sus aparatos a la chacra a sacarlos a todos. Mis tías se rieron y dieron palmadas y lo besaron a mi abuelo y se pusieron a charlar entre ellas a ver qué vestidos se iban a poner; y mis tíos decían que eso era cosa de mujeres y lujos de la ciudad pero se alisaban las bombachas y se miraban de costado en el vidrio de la ventana.

Y el fotógrafo fue al campo y les sacó a todos esa foto marrón en cartulina dura que está ahora encima de la chimenea de mi casa en un marco dorado con adornos y que Jaia no me deja sacar de ahí.

Era rubio el fotógrafo, rubio, flaco, no muy joven, de pelo enrulado, y **rengueaba** bastante de la pierna izquierda. Los sentó a todos fuera de la casa, con sus mejores trajes, peinados y lustrados que daba gusto verlos. A todos menos a mi abuela Gertrudis que estaba como siempre de negro y que ni se había preocupado por tener un vestido decente. Ella no quería salir en la foto y dijo que no tantas veces que mi abuelo León ya estaba medio convencido y no insistió mas. Pero entonces el fotógrafo se acercó a mi abuela y le dijo que si alguien tenía que salir en la foto, era ella; y ella le dijo algo que no sé si me contaron qué fue y me olvidé o si nadie oyó y no me contaron nada, y él le contestó que él sabía muy bien lo que era no querer salir en ninguna foto o algo así. He oído muchas veces el cuento pero no me acuerdo de las palabras justas. La cosa es que mi abuela se puso al lado de mi abuelo León, entre sus hijos, y así estuvieron todos en pose un largo rato y sonrieron, y el fotógrafo rubio, flaco y rengo, les sacó la foto.

Mi abuelo León le dijo al fotógrafo que se quedara esa noche allí para revelarla y para que al día siguiente les sacara otras. Así que esa noche mi abuela le dio de comer a él también. Y él contó de su **oficio** y de los pueblos por los que había andado, de cómo era la gente y cómo lo recibían, y de algunas cosas raras que había visto o que le habían pasado. Y mi tío Aarón siempre dice que la miraba como si no le hablara más que a ella pero vaya a saber si eso es cierto porque no va a haber sido él el único que se dio cuenta de algo. Lo que sí es cierto es que mi abuela Gertrudis se sentó a la mesa con la familia y eso era algo que nunca hacía porque tenía que tener siempre todo listo en la cocina mientras los demás comían, para ir sirviéndolo a tiempo. Después que terminaron de comer el fotógrafo salió a fumar afuera porque en esa casa nadie fumaba, y mi abuela le llevó un vasito de licor, y me parece, aunque nadie me lo dijo, que algo deben haber hablado allí los dos.

Al otro día el fotógrafo estuvo sacando fotos toda la mañana: primero mi abuelo León solo, después con los hijos, después con las hijas, después con todos los hijos juntos, después mis tías solas con sus vestidos bien planchados y el pelo enrulado; pero mi abuela Gertrudis no apareció, ocupada en **el tambo** y en la casa. Pero qué cosa, yo que no la conocí, yo que no había nacido, como que mi padre era un muchachito que no conocía a mi madre todavía, yo me la imagino ese día escondida, espiándolo desde atrás de algún postigo entornado mientras la comida **se le quemaba** sobre el fuego. Imaginaciones mías nomás porque según dicen mis tías nunca se le quemó una comida ni descuidó nada de lo de la casa ni de lo del campo.

El fotógrafo reveló las fotos y almorzó en la casa y a la tarde las **pegó** en los cartones con una guarda grabada y la fecha y mi abuelo León lo pagó. Cuando terminaron de comer, ya de noche, él se despidió y salió de la casa. Ya tenía todo en el *break* destartalado en el que había aparecido por el pueblo, y desde la oscuridad de allá afuera les volvió a gritar adiós a todos. Mi abuelo León estaba contento porque les había sacado unas fotos muy buenas pero no era como para acompañarlo más allá de la puerta porque ya le había pagado por su trabajo más que nadie en el pueblo y las chacras. Se metieron todos adentro y se oyó al caballo yéndose y después nada más.

Cuando alguien preguntó por mi abuela Gertrudis, que hasta hoy mis tíos discuten porque cada uno dice que fue él que preguntó, mi abuelo León dijo que seguramente andaría por ahí fuera haciendo algo, y al rato todos se fueron a acostar.

Pero a la mañana cuando se levantaron encontraron todavía las lámparas **prendidas** sobre las mesas y **los postigos sin asegurar.** No había fuego ni comida hecha ni desayuno listo ni vacas ordeñadas ni agua para tomar ni para lavarse ni pan cocinándose en el horno, ni nada de nada. Mi abuela Gertrudis se había ido con el fotógrafo.

Y ahora digo yo, ¿tengo razón en decir que esa foto no tiene por qué estar en la chimenea de mi casa? ¿Y cuando los chicos pregunten algo?, le dije un día a Jaia. Ya vamos a ver, dijo ella. Preguntaron, claro que preguntaron, y delante de mí. Por suerte Jaia tuvo la sensatez de no explicar nada:

—Es la familia de papá—dijo—, hace muchos años en el campo, cuando vivían los abuelos. ¿Ven? **El zeido, la bobe,** tío Aarón, tío Isidoro, tío Salo.

Y así los fue nombrando y señalando uno por uno sin hacer comentarios. Los chicos se acostumbraron a la foto y ya no preguntaron nada más.

Hasta yo me fui acostumbrando. No es que **esté de acuerdo,** no, eso no, pero quiero decir que ya no la veo, que no me llama la atención, salvo que ande buscando algo por ahí y tengo que mover el marco dorado con adornos. Una de esas veces le pregunté a Jaia que estaba cerca mío revolviendo los estantes del bahut:

—¿Me vas a explicar algún día qué fue lo que te dio por poner esta foto acá?

Ella se dio vuelta y me miró:

—No—me dijo.

No me esperaba eso. Me esperaba una risita y que me dijera que sí, que alguna vez me lo iba a contar, o que me lo contara ahí mismo.

—¿Cómo que no?

—No—me dijo de nuevo sin reírse—, si necesitás que te lo explique quiere decir que no merecés que te lo explique.

Y así quedó. Encontramos lo que andábamos buscando; o no, **no me acuerdo** y nunca volvimos a hablar Jaia y yo de la foto de mi abuela Gertrudis sobre la chimenea en su marco dorado con adornos. Pero yo sigo pensando que es una ofensa para una familia como la mía tener en un lugar tan visible la foto de ella que parecía tan buena mujer, tan trabajadora, tan de su casa, y que un día se fue con otro hombre abandonando a su marido y a sus hijos de pura maldad nomás, sin ningún motivo.

Después de leer

A. Interpretaciones en la comunidad de lectores

Usemos la preparación y las preguntas de interpretación para entablar una discusión. Se debe considerar el contenido, el estilo y el uso del lenguaje.

1. *Los que resumen*—Preparen un resumen del texto. Consideren un doble resumen: el del cuento y el de la historia dentro del cuento. ¿Qué estructura visual servirá para representar la organización del texto. ¿Hay estructuras paralelas—o no—en términos de los personajes y del desarrollo?
2. *Expertos del lenguaje*—Identifiquen las palabras claves para facilitar la discusión de la lectura. Presenten el concepto de la cámara oscura.
3. *Intérpretes*—Presenten los temas. ¿Qué significa el título? Expliquen la decisión de Jaia de no explicarle su decisión a Isaac.
4. *Moderadores*—Incorporando las preguntas de interpretación, preparen una discusión sobre el texto. Presten atención a la historia de Gertrudis y a la de Jaia; asegúrense de incluir varios puntos de vista. Comparen las ideas sobre la mujer de la generación de Gertrudis con las de hoy en día.

B. Hablemos personalmente

1. ¿Cómo presenta esta obra el trato de la mujer a través de las generaciones? ¿Cómo representa la relación entre los hombres y las mujeres? ¿Han cambiado estas relaciones hoy en día?
2. Piensen en las dos perspectivas—la del narrador Isaac (perspectiva explícita) y la de Jaia (perspectiva implícita). Discutan las diferencias.
3. ¿Hasta qué grado se puede simpatizar con Jaia por sus acciones? Y¿con Isaac?
4. ¿Qué representa el uso del silencio en el texto, el silencio de Gertrudis y luego el de Jaia? ¿Cómo compara con los estilos de comunicación de parejas de hoy en día? ¿Cuándo y para qué se usa el silencio?
5. Discutan el concepto de la belleza y la fealdad en el cuento y en nuestra sociedad.

C. En mis palabras

1. Escoge cualquiera de los temas del cuento y desarróllalo, haciendo alusiones a la vida contemporánea.

Estrategias para leer: ¿Cómo soy como lector?

¿Cómo te caracterizarías a ti mismo como lector? Vamos a repasar nuestro papel de ser lectores críticos.

Considera los métodos que usabas para leer antes del curso. ¿Qué proceso seguías? ¿Sacabas apuntes? ¿Cómo te dabas cuenta si comprendiste bien el texto o no? ¿Has cambiado este proceso durante el semestre?

Considera lo que deseas presentar a los demás sobre tu proceso y estilo de ser lector crítico. Para ti, ¿cuáles son las tareas más importantes para poder leer y discutir bien un texto?

PASO 2 ESCRIBIR POR MODELOS

Durante el semestre hemos estudiado técnicas de la escritura de varios géneros, estrategias del proceso de escribir, y claves particulares de la composición. Ahora nos toca la autocrítica de cómo somos como escritores. . .

Estrategias para escribir: ¿Cómo soy como escritor?

¡Manual! En el Manual hay una explicación del uso de verbos compuestos.

Tal como evaluamos las estrategias de lectura, debemos también analizar nuestras estrategias de escritura. Contesta las siguientes preguntas, dando una evaluación personal:

a. *las etapas de escribir:* ¿Cómo ha cambiado el conocimiento que tienes de tu proceso de escribir? Piensa en etapas según momentos específicos, inclusive en los momentos que reconociste o te diste cuenta de tu voz de escritor.

b. *los géneros:* ¿Qué tipo de escritura prefieres? Hay muchas categorías de escribir, con registros y propósitos diferentes, como hemos visto con la descripción, la narrativa, la argumentación, el análisis y la reseña. ¿Cuáles te gustan más?
c. *los lectores:* ¿Cómo cambias tu manera y estilo de escribir según el público al que te diriges? ¿Piensas en el lector al escribir tu ensayo?
d. *el proceso:* ¿Cómo ha cambiado tu proceso de escribir durante el semestre?
e. *las recomendaciones:* ¿Qué estrategias te resultan más útiles? Si hicieras una clasificación de estrategias, ¿cuáles incluirías y cuáles omitirías?

PASO 3 REDACTAR POR MODELOS

Estrategias del proceso: Yo, el narrador. . . ¿digno de confianza?

En el Capítulo 1 intentamos definirnos. Ahora volvemos a pensar en nuestra identidad como escritores, pensando en el papel que cumplimos como narrador. El cuento de Gorodischer nos ofrece un modelo sobre la importancia de la voz narrativa. El esposo de Jaia nos cuenta la historia de su vida con Jaia y la historia de sus abuelos. ¿Qué tipo de narrador es Isaac? ¿Cómo influye en el argumento y el tono la elección de Isaac como narrador en vez de Jaia?

Al escoger narradores, los autores toman decisiones sobre el punto de vista que desean mostrar. La perspectiva elegida influye en el nivel de confianza de los lectores. El escritor establece una conexión distinta con el lector según la perspectiva tomada. Un narrador en primera persona suele asociarse con un tono menos objetivo, y puede establecer una confianza, pero depende de si el "yo" es un personaje digno de confianza o no. Un narrador en tercera persona puede considerarse como un narrador fuera del texto, e incluso un narrador omnisciente, que conoce la historia y la presenta de forma o bien objetiva o bien subjetiva. Este narrador puede entrar en la mente de cada personaje y revelar los pensamientos. O puede ser muy neutral y no conocermos a los personajes desde su interior sino desde una perspectiva fuera. Al escribir debemos elegir la voz narrativa que mejor logre el propósito del ensayo, sabiendo que dicha selección determina cómo el lector va a entender el argumento. Es una decisión clave.

Práctica

Repasemos el cuento de Gorodischer para evaluar el uso del narrador. Es un cuento que trata de la situación de la mujer, pero bajo la perspectiva de un hombre. ¿Qué efecto tiene esta selección?

Claves de la composición: El escritor sabio

Al terminar con nuestra exploración de la escritura y los diversos modelos y estrategias de escribir, nos queda una pregunta, "¿Cómo vamos a recordar toda la información? A continuación damos unas recomendaciones:

a. *la escritura integrada.* Debemos tratar de incorporar e integrar los modelos y las estrategias cada vez que escribimos. Si no escribimos conscientes de los diversos elementos que nos ayudan a escribir un ensayo, puede resultar que la escritura sea incompleta, incoherente y superficial.
b. *el proceso y el producto.* Debemos recordar la importancia de conectar el proceso y el producto. La buena escritura exige llevar a cabo un proceso bien organizado. Es difícil escribir de forma rápida y terminar con un producto bueno con sólo un borrador. Es mejor recordar ir por las etapas: generar ideas, escribir borradores, editar, revisar y evaluar la escritura.
c. *las tres claves de un buen ensayo.* Debemos prestar atención al contenido (la tesis, el desarrollo y la organización), al estilo, y al uso apropiado del lenguaje. La lista de verificación de cada capítulo nos ha ayudado a tener en cuenta todo esto.
d. *el estilo propio.* Debemos recordar que la escritura consiste en cumplir varias funciones representadas por los modelos estudiados a lo largo del semestre. Conscientes de esto, cada ensayo que escribimos debe reflejar nuestro estilo.

Estrategias para editar: ¿Cómo soy como redactor?

Hagamos una autocrítica de nuestra redacción. Piensa en el trabajo que hiciste durante el semestre y contesta estas preguntas:

1. ¿Qué significa para ti el trabajo de editar? ¿Te resulta fácil editar tus propias oraciones o no?
2. ¿Cómo evalúas tu capacidad de editar y evaluar los ensayos de los compañeros? ¿Te costó trabajo ofrecer comentarios acertados y útiles? ¿Cuál consideras que es la parte más difícil al editar la obra de otra persona? Y al recibir los comentarios de otros editores, ¿qué tipo de comentarios te ayudaron más?
3. ¿Tienes un ojo crítico? ¿Qué recomendaciones ofreces para otros redactores?

¡Manual! En el Manual aparece un modelo estudiantil de una autocrítica, con la que podemos comparar la nuestra.

PASO 4 CREAR NUESTROS MODELOS

En este capítulo final, la meta es incorporar todo lo estudiado. Vamos a efectuar un ensayo de 3 a 5 páginas. Puede ser un ensayo de análisis social o literario. Lo importante es que tomes ciertas deciciones sobre el propósito (el tema y la tesis), el contenido y la organización, el estilo (la voz narrativa, el tono, el registro, el lenguaje usado) y que revises el ensayo, fijándote en la lógica y el lenguaje.

1. Escribe un ensayo sobre el concepto de la mujer en la obra de Gorodischer. Puedes considerar la mujer en las dos generaciones presentadas.
2. Escribe un ensayo sobre la belleza y cómo influye ésta en las relaciones personales.
3. En este último capítulo presentamos una opción más. Ofrecemos la lectura de dos cuentos, "Lección de cocina" de Rosario Castellanos y "Las dos Elenas" de Carlos Fuentes. Son dos cuentos narrados en primera persona que ofrecen perspectivas distintas de la mujer en el mundo contemporáneo. Escoge tu propio enfoque sobre la mujer y utiliza los cuentos como puntos de apoyo o puntos en contra. Otra posibilidad es discutir la perspectiva masculina en los tres cuentos y así crear otro enfoque basado en el hombre.

Lista de verificación para entregar con el ensayo.

¡OJO! Antes de entregar:

1. ____ He repasado el ensayo consciente de todo lo estudiado acerca de la escritura en este curso.

GLOSARIO

Angélica Gorodischer, "La cámara oscura"

no me acuerdo (acordar): no tengo tal memoria
agradecida: darle gracias a Dios, o a alguien
los alaridos: los gritos
ambulante: que andaba de lugar en lugar, que viaja
había amenazado (amenazar): había intentado hacerle mal
el apellido: el nombre de familia
apuntar: aspirar, ir en dirección de
los apurones: las preocupaciones
los bigotazos: los bigotes grandes del hombre
bizca: tener ojos cruzados

callarme: no hablar, cerrar la boca
la chacra: una finca pequeña
(**los**) **chismes:** los murmurillos, las habladurías
chueca: tener el pie torcido
dale que dale: así, con insistencia
una desgracia: una desdicha, una tristeza, mala suerte
echarle el ojo: mirar
embarazada: preñada, iba a dar la luz
me enteré (enterar): me di cuenta
esté de acuerdo (estar de acuerdo): apruebo
con ganas: intensamente, verdaderamente
un genio: el carácter
golpeó (golpear): dio contra un objeto
hecha una fiera: se puso muy enojada
los líos: los problemas
el marco dorado: el objeto que sirve para exhibir las fotos
"mein taier meidale": "mi queredita"
(**el**) **oficio:** el trabajo
pegó (pegar): ató, unió
la piel: órgano que cubre la parte exterior del cuerpo
la planchada: la escalera por la cual se sale del barco
los postigos sin asegurar: la parte exterior de la ventana abierta
prendidas: encendidas
se le quemaba (quemarse): la comida se cocinaba de más, quedó incomible
rengueaba (renguear): andaba cojo, andaba mal de pie
el retrato: la foto o pintura de una persona
sabía manejar: lo dirigía todo bien
"shotjen": el que arregla las bodas entre posibles novios
el tambo: el corral
tiraron la casa por la ventana (tirar): celebraron, pero bien, gastando mucho dinero
viudo: hombre a quien se le murió la esposa
"el zeido, la bobe": el abuelo, la abuela
"¡zi es gevein tzi miss!": ¡qué fea es!

INDEX

Apuntes

Apuntes

APUNTES

Apuntes

Apuntes

Apuntes